Monika Schaal
Ursula Thumm

Abwechslung im Hundetraining

71 Farbfotos
17 Zeichnungen

Heimtiere

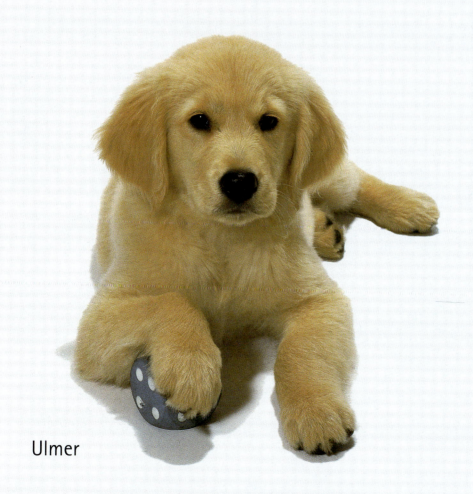

Ulmer

Inhalt

Vorwort 5
Zur Benutzung des Buches 7

▬ Ruhig verlaufende, hemmende Übungen 10

Platzübungen 10
Begegnungen 19
Übungen ohne Sprachkommandos (mit Handzeichen) 24

▬ Aufmerksamkeitsfördernde Übungen 28

Fuß-Gehen 28
Formation 36
Abrufen mit und ohne Ablenkung 41

▬ Konzentration durch Körperschulung 46

Stangen 46
Reifen 49

Gartenzaun 51
Gitterrost 53

Actionübungen 54

Menschensuche 54
Gehorsamsspiele 57
Reizangelspiele (mit Stopp und Start) 63

Erlebnisspaziergänge 66

Geländetraining 66
Stadttraining 76

Apportieren 86

Gruppenübungen 86
Einzelübungen 90

Kombinierte Übungen 94

Rollenspiele 94
Stationen 98
Bleiben 102
Stoppen auf Entfernung 105

Verzeichnisse 107

Literatur 107
Bildquellen 107
Register 109

Vorwort

Dieses Buch ist entstanden aus unserer jahrelangen Praxis als Ausbilder für Hundekurse. Stand dabei anfänglich das Ziel einer Begleithundeprüfung im Vordergrund, entwickelte sich im Laufe der Zeit parallel dazu eine andere Kursgestaltung. Der Grund dafür lag zum einen darin, dass viele Kursteilnehmer, die sich nicht auf einen bestimmten Bereich, zum Beispiel Agility, spezialisieren wollten, nach der bestandenen Begleithundeprüfung nach weiterführenden Kursen fragten. Zum anderen kamen immer mehr Hundebesitzer in die Grundkurse, die zwar auch die Prüfung anstrebten, aber vielmehr noch einen gut erzogenen Familienhund haben wollten. Der Bedarf nach einer anderen Kursgestaltung wuchs. Daraus ergab sich für uns die Notwendigkeit, bereits den Grundkurs abwechslungsreich und praxisnah zu gestalten.

Wir wenden uns mit diesem Buch in erster Linie an Ausbilder in Hundevereinen und -schulen. Auch der interessierte Hundebesitzer mag jedoch beim häuslichen Training von der einen oder anderen Übung profitieren.

Das Buch soll keine Anleitung zum Erlernen des Grundgehorsams sein. Es beschreibt nicht in allen Einzelheiten, wie die einzelnen Grundübungen (Sitz, Platz, Fuß und andere) erlernt werden können. Dieses setzen wir als bekannt voraus. Uns liegt vielmehr daran, Anregungen dafür zu geben, wie die Gehorsamsübungen abwechslungsreich kombiniert und angewendet werden können. Trotzdem haben wir an manchen Stellen beschrieben, wie einzelne Grundübungen eingeführt und aufgebaut werden können oder wie sinnvoll korrigiert werden kann, wenn es mal nicht klappt.

Die Aufgaben, die von uns in vielen Kursstunden zusammengestellt und ausprobiert wurden, dienen der Festigung des Grundgehorsams und sorgen für eine aufgelockerte Atmosphäre.

Um nicht bei jeder Kursvorbereitung erneut in alten Zetteln kramen zu müssen, entstand zunächst für uns selbst eine Aufgabensammlung. Daraus entwickelten wir dieses Buch. Wir haben uns mit viel Engagement der Aufgabe gestellt, unsere Ideen zu formulieren und zu Papier zu bringen. Wir hoffen, dass dieses Buch als praktische Hilfe für den Trainingsalltag genutzt werden kann und die Kursleiter anregt, selbst kreativ zu werden und viele neue Übungen zusammenzustellen.

Wir danken allen, die uns bei unserer eigenen Ausbildung gefördert und uns weitergeholfen haben. Weiterhin danken wir allen, die uns angeregt haben, dieses Buch zu schreiben und uns bei der Verwirklichung unterstützt haben.

Die harmonische Zusammenarbeit mit unserer Lektorin Dr. Nadja Kneissler und ihre Aufgeschlossenheit unseren Ideen gegenüber haben uns angespornt und weitergeholfen. Vielen Dank dafür!

Die zahlreichen Fotos in diesem Buch wären ohne die engagierte Mitarbeit vieler Hundeführer und ihrer Hunde nicht möglich gewesen. Vielen Dank allen, die sich dafür zur Verfügung gestellt haben und dabei viel Geduld und Ausdauer mitgebracht haben.

Ein herzlicher Dank gilt auch den Fotografen Wolf-Dieter Sinnecker und Dieter Kothe, die sich auf die schwierige Aufgabe eingelassen haben, unsere Vorstellungen in Bilder umzusetzen.

Ebenso möchten wir an dieser Stelle die Teilnehmer unserer Übungsgruppen erwähnen. Sie waren immer bereit, neue Übungen mit uns auszuprobieren.

Nicht zuletzt danken wir unseren eigenen Hunden, von denen wir viel gelernt haben. Während der Arbeiten zu diesem Buch mussten sie doch oftmals mit kurzen Spaziergängen zufrieden sein oder schnell mal zwischendurch zum Ausprobieren neuer Übungsteile einspringen. Dies haben sie stets geduldig mitgemacht.

Weinstadt und Kaisersbach, im Sommer 1999
Monika Schaal
Ursula Thumm

Zur Benutzung dieses Buches

Hinweise für Übungsleiter

Die Übungen dieses Buches sind entstanden, um Abwechslung in den Übungsalltag zu bringen. Sie lassen sich, dem Leistungsstand der Hunde und der Gruppengröße entsprechend, beliebig abwandeln. Der Ausbilder kennt seine Hundeführer und deren Hunde und wird die Übungen gezielt und mit Sachverstand einsetzen.

Alle Übungen können zur allgemeinen Vorbereitung auf Prüfungen angewendet werden, sie entsprechen aber nicht den Aufgabenstellungen der gängigen Prüfungsordnungen. Mit Hunden, die kurz vor einer Prüfung stehen, sollten daher Übungen, die dem geforderten Prüfungsablauf entgegenstehen, nicht durchgeführt werden.

In der Regel eignen sich die Aufgaben für gesunde, normal belastbare Hunde jeder Größe und Rasse. In Einzelfällen muss mit dem Tierarzt Rücksprache gehalten werden. Dies gilt für die Aufgaben, bei denen Hindernisse zu überwinden sind oder besondere Schnelligkeit und Wendigkeit gefordert ist. In Übungsgruppen treffen häufig Hunde verschiedenen Alters und unterschiedlichen Charakters zusammen. Bei allgemein verträglichen Hunden bereitet die Auswahl der Aufgaben kaum Probleme, da solche Hunde nicht zu Auseinandersetzungen neigen. Bei schwierigeren Hunden ist das Fingerspitzengefühl des Ausbilders gefragt, um diese Hunde in die Gruppe zu integrieren.

Sie können die beschriebenen Aufgaben vielleicht nur am Rande mit entsprechendem Abstand zu den anderen Hunden mitmachen.

Dennoch ist es anzustreben, auch die weniger verträglichen oder hektisch reagierenden Hunde in die Ausbildung mit einzubeziehen. Für die Besitzer dieser Hunde bedeutet es schon einen Erfolg, wenn Aufgaben in Teilbereichen korrekt gelöst werden.

Allgemein ist der Schwierigkeitsgrad auf die jeweilige Hundegruppe abzustimmen. Es bedeutet ein Erfolgserlebnis, einen Teilschritt oder eine leichtere Variante einer Übung gemeistert zu haben – das motiviert die Teilnehmer zu weiteren Leistungen. Setzt der Übungsleiter die Übungen zu schwierig an, sind Misserfolge leider vorprogrammiert und mancher Hundebesitzer verliert dann die Lust. Actionübungen sollen nicht übertrieben werden und dürfen die Hunde nicht überfordern. Trotz aller „Action" müssen die Übungen so verlaufen, dass keine Hektik aufkommt. Übungen, bei denen Ablenkungen eingeplant sind, müssen auf die Hunde abgestimmt sein. Die Hunde sollen sich zu keinem Zeitpunkt durch zu starke Geräusche, durch andere Hunde oder durch Ablenkungspersonen bedroht fühlen.

> Es sollte beachtet werden, dass die Aufgaben in diesem Buch nicht nach Schwierigkeitsgrad geordnet sind.

Hinweise zu den Übungen

Die meisten Übungen sind so konzipiert, dass sie auf einem Hundeplatz oder einem ähnlichen Übungsgelände durchgeführt werden können. Um Abwechslung zu schaffen und um Alltagssituationen mit einzubeziehen, finden einige Übungen außerhalb des Übungsplatzes statt. Bei diesen Aufgabenstellungen sind die gesetzlichen Regelungen und die ortspolizeilichen Vorschriften sowie die Bestimmungen des Jagdschutzes des jeweiligen Bezirks zu beachten. Es ist notwendig, dass der verantwortliche Ausbilder sich bei den zuständigen Stellen kundig macht und die Teilnehmer darauf hinweist.

Für einige Übungen werden Hilfsmittel benötigt, die bei den jeweiligen Aufgaben gesondert erklärt werden. Für einen reibungslosen Ablauf muss der Ausbilder diesem bei der Vorbereitung Rechnung tragen. Die verwendeten Hilfsmittel dürfen keine Verletzungsgefahr für Hunde und Hundeführer darstellen.

Begriffserklärungen und Abkürzungen	
Abkürzung	Erklärung
HF	Hundeführer
ÜL	Übungsleiter
Team	Ein Hundeführer mit seinem Hund
Paar	Zwei Teams
Grundstellung	Der Hund sitzt auf der linken Seite dicht neben seinem Hundeführer, das Schulterblatt möglichst auf Beinhöhe.
Trockenübung	Übungen der Hundeführer ohne Hunde, z.B. in Partnerarbeit.

Und wenn es nicht klappt...

▶ Die Vorschläge in dieser Rubrik sollen als Anregung verstanden werden oder Möglichkeiten zeigen, wie korrigiert werden kann und wie Übungssituationen einfacher gestaltet werden können. Die Vorschläge unter der Überschrift „Und wenn es nicht klappt..." beziehen sich immer auf den ganzen vorhergehenden Abschnitt und nicht nur auf die direkt davor angeführte Übung.

Ruhig verlaufende, hemmende Übungen

Rechte Seite: Hunde und Menschen in entspannter, friedlicher Stimmung – dazu bedarf es einiger Übung!

Ausgangssituation: Einer unserer Kurse vom letzten Jahr war schwierig. Für viele Teilnehmer war es das erste Mal, dass sie an einem Kurs teilnahmen und für viele von ihnen war es sogar der erste Hund überhaupt. Daher waren sie im Umgang mit ihrem Hund sehr unsicher und etwas aufgeregt. Einige Hunde zeigten sich überaus temperamentvoll und ungestüm. Deshalb gelangen viele der üblichen Übungen zunächst nicht. Um dem Rechnung zu tragen, nahmen wir häufiger als sonst ruhig verlaufende Übungen in unser Programm auf.

Was wollen wir mit diesen Übungen erreichen? Durch diese Aufgaben, die vom Übungsleiter auch ruhig und sachlich erklärt werden sollten, wird ruhiges Verhalten von Hund und Hundeführer gefördert. Die Hundeführer lernen, gezielt und weniger hektisch auf ihren Hund einzuwirken. Der Hund wird zunehmend ruhiger und lernt, bestimmte Situationen gelassener auszuhalten. Dadurch wird eine entspannte Arbeitsatmosphäre geschaffen.

Platzübungen

Diese Übungen bereiten manchen Hunden gewisse Schwierigkeiten. ÜL und HF sollten sich darauf einstellen. Manche kurzhaarigen Hunde mögen es beispielsweise gar nicht, sich auf nassem, matschigem Boden hinzulegen. Hunde, die auf ihre Rangordnung bedacht sind oder sich in einer besonders „aufmüpfigen Phase" befinden, lieben Platzübungen nicht immer. Unsichere Hunde fühlen sich in unmittelbarer Nähe von anderen Hunden oder Gegenständen bedroht und wollen deshalb nicht in die Platzposition.

Oftmals macht es der HF seinem Hund unnötig schwer, in der Platzposition ruhig liegen zu bleiben. Er lobt ihn zum Beispiel überschwänglich, was zur Folge hat, dass der Hund begeistert aufspringt und dann wieder korrigiert werden muss. Manche HF reden auch ständig auf ihren Hund ein oder zupfen fortwährend an Pfoten oder Leine, um die Körperhaltung zu korrigieren. Besser ist, den Hund im Platz in Ruhe zu lassen und selbst aufrecht und möglichst entspannt daneben stehen zu bleiben.

Ruhig verlaufende, hemmende Übungen

■ Ein aufmerksamer Hund in der Platzposition.

Grundübung zum Platz

Häufig wird dem Hund das Platzkommando beigebracht, indem der Hund auf den Boden gedrückt oder umgeworfen wird. Dies ist für manche Hunde ein Problem. Sie wehren sich dagegen oder begreifen gar nicht, was man von ihnen erwartet. Viele HF empfinden dies als eine zu gewaltsame Methode und sie scheuen sich, so massiv auf ihren Hund einzuwirken. Manche HF sind auch körperlich nicht in der Lage, ihren Hund umzuwerfen.

Daher bevorzugen wir die folgende Methode:
Der HF stellt sich neben seinen Hund, ein Leckerchen zwischen Daumen und Zeigefinger in der rechten, flach ausgestreckten Hand. Die linke Hand hält die Leine kurz, ohne zu ziehen. Nun führt der HF die rechte Hand vor der Brust des Hundes nach vorne-unten auf den Boden. Der Hund folgt dem Leckerchen und streckt sich immer weiter, kann aber durch die gegenhaltende Leine nicht nachfolgen und muss sich dadurch fast zwangsläufig ins Platz legen.

Erst in dem Moment, in dem der Hund sich anschickt, sich in die Platzposition zu begeben, gibt der HF das Hörzeichen „Plaaaaaatz". So kann der Hund seine Bewegung mit dem Hörzeichen verknüpfen.

> **TIPP**
> Geeignet sind größere Leckerchen, an denen der Hund länger zu kauen hat. So lange er knabbert, wird er liegen bleiben.

Ohne weitere Einwirkung soll der Hund dann für kurze Zeit in der Platzposition verharren.

Die sichere Beherrschung des Platzkommandos ist Voraussetzung für alle nachfolgenden Platzübungen in der Gruppe.

Platz an den Pfosten

Vier Pfosten oder Eimer werden im Rechteck aufgestellt, Abstand zueinander etwa 15 m. Der erste HF startet mit seinem Hund am ersten Pfosten/Eimer und geht mit ihm das Rechteck ab. An jedem Pfosten oder Eimer wird der Hund ins Platz gebracht, der HF zählt leise bis 5, bringt dann seinen Hund ins Sitz und geht mit ihm weiter zum nächsten Eimer. An allen weiteren Eimern/Pfosten wird der Hund wieder ins Platz gebracht.

Das nachfolgende Team kann starten, wenn das vorhergehende Team beim dritten Eimer/Pfosten arbeitet.

Platz mit Bleiben

Aufstellung der Pfosten/Eimer wie in der vorigen Übung. Das erste Team startet an der ersten Markierung, an der zweiten wird der Hund ins Platz gelegt. Der HF geht jetzt alleine weiter das Rechteck ab. Je nach Ausbildungsstand des Hundes kann er sich mehr oder weniger weit entfernen oder sogar um das ganze Rechteck gehen.

Der Hund muss dabei liegen bleiben. Am Ende holt der HF seinen Hund wieder ab. Die andern Teams warten in einiger Entfernung.

Platz und Schlangenlinien

Alle Hunde der Gruppe werden in einer geraden Reihe mit etwas Abstand ins Platz abgelegt, die Hundeführer bleiben bei ihren Hunden aufrecht stehen. Der erste Hund wird ins Sitz gebracht (Grundstellung). Dann geht der HF mit seinem bei Fuß gehenden Hund in Schlangenlinien um die liegenden Hunde herum und legt ihn am Ende der Reihe wieder ins Platz. Nächster Hund genauso und so weiter.

→ Abwandlung: Der HF bleibt bei seiner Runde einmal bei einem Team seiner Wahl stehen, lässt seinen Hund sitzen und begrüßt den HF. Dabei sollte etwas Abstand zum liegenden Hund eingehalten werden, damit dieser ruhig im Platz bleiben kann.

Platz mit Begrüßungen

Alle Teams bewegen sich in lockerer Gruppe durcheinander, die Hunde gehen bei Fuß. Auf ein Kommando des ÜL werden die Hunde ins Platz gelegt (Abstand etwa 2 bis 3 m). Die HF bleiben bei ihren Hunden stehen. Nacheinander geht jeder HF ohne seinen Hund einzeln durch die Gruppe an den liegenden Hunden vorbei und bleibt dann bei einem HF stehen und begrüßt diesen (mit Handschlag). Danach geht er zu seinem Hund zurück und bleibt ohne große Begrüßungszeremonie bei ihm stehen. Alle Hunde bleiben während der ganzen Übung auf ihrem Platz liegen.

Platz mit Ablenkungen

Alle Teams bewegen sich in lockerer Gruppe durcheinander, die Hunde gehen bei Fuß. Auf ein Kommando des ÜL werden die Hunde ins Platz gelegt (Abstand etwa 2 bis 3 m). Die HF bleiben bei ihren Hunden stehen. Mehrere Personen bewegen sich durch die Gruppe und sorgen für Ablenkung beispielsweise durch Tragen einer Aktentasche, eines Einkaufskorbs oder eines aufgespannten Schirmes, durch Essen eines Butterbrots, durch Schieben eines Kinderwagens oder Ähnlichem. Die Hunde bleiben während der Übung im Platz liegen.

> **TIPP**
> Es ist darauf zu achten, dass die Ablenkungen keine Bedrohung der liegenden Hunde darstellen dürfen. Ein entsprechender Abstand muss eingehalten werden.

Platz in der Gasse

Die Teams stellen sich im Kreis auf, mit Blick nach außen, die Hunde werden ins Platz abgelegt. Die HF treten etwa 3 m nach außen von ihren Hunden weg. Zwischen den Hunden und den HF bildet sich damit eine Gasse. Jeweils 1 HF geht zu seinem Hund und bringt ihn in Grundstellung. Mit dem Hund bei Fuß geht er zwischen den Hunden und den HF der Gasse entlang einmal herum.

Platz im Kreis

Die Teams bewegen sich in einem Kreis, auf Kommando des ÜL werden die Hunde abgelegt. Die HF gehen in Laufrichtung vom Hund weg einmal um den Kreis der abgelegten Hunde herum. Wieder beim Hund angekommen, bleiben die HF ruhig bei ihren Hunden stehen,

Ruhig verlaufende, hemmende Übungen

die Hunde bleiben zunächst im Platz. Erst auf ein Zeichen des ÜL werden die Hunde wieder in Grundstellung gebracht.

▰ Keine leichte Aufgabe: Aufmerksam achten die abgelegten Hunde trotz der Ablenkung auf ihre Hundeführer.

Platz in der „line" I

Die Teams stellen sich in einer Linie nebeneinander auf gleicher Höhe auf. Auf ein Zeichen des ÜL gehen alle Teams gleichzeitig nach vorne (siehe Grafik ⓐ). Auf Zuruf des ÜL macht ein Hund nach dem anderen Platz (HF bleibt dabei), während die anderen weiter gerade nach vorne gehen, ohne anzuhalten. Das Ablegen sollte schnell erfolgen.
Der ÜL kann die Hunde entweder der Reihe nach ins Platz rufen (von links nach rechts, siehe Grafik ⓑ bis ⓓ) oder in beliebiger Reihenfolge durcheinander.
  Nachdem der letzte Hund abgelegt ist, wird das Feld von hinten aufgerollt, das

Ruhig verlaufende, hemmende Übungen

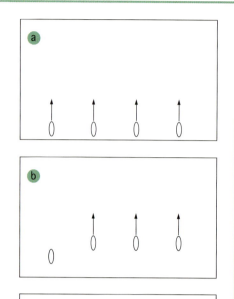

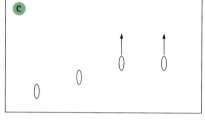

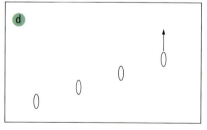

Bewegungsablauf bei Übungen „line" I und „line" II.

heißt der zuerst abgelegte Hund läuft bei Fuß in gerader Linie nach vorne, bis er auf der Höhe des nächsten Teams angekommen ist. Sofort schließt sich dieses Team an, bis am Ende alle wieder auf gleicher Höhe angekommen sind.

Platz in der „line" II für Fortgeschrittene

Aufstellung und Ablauf wie in Übung I, jedoch ohne Leine frei bei Fuß. Im Gegensatz zu Übung I werden die Hunde alleine abgelegt und die HF bewegen sich in gerader Linie weiter nach vorne. Wenn alle Hunde abgelegt sind, gehen die HF zurück zum Hund, bringen ihn in Grundstellung und beenden die Übung wie bei I.

Platz im großen Dreieck

→ Materialbedarf: drei farbige Pfosten (blau – rot – grün), aufgestellt in einem Dreieck, Seitenlänge etwa 25 m.
→ Gruppengröße : Mindestens 8 bis 9 Teams und Aufteilung in drei zahlenmäßig etwa gleiche Gruppen, die sich jeweils bei einem Pfosten aufstellen.

Nun bewegt sich die Gruppe A vom roten Pfosten in lockerer Formation zur Mitte des gesteckten Dreiecks und legt dort die Hunde mit etwas Abstand zueinander ab. Die HF bleiben bei ihren Hunden (**1**).

Jetzt geht die Gruppe B in lockerer Formation durch die in der Mitte abgelegten Hunde und begibt sich anschließend zum roten Pfosten (**2**). Danach geht die Gruppe C vom grünen Pfosten los und löst die in der Mitte liegenden Hunde der Gruppe A ab. Den Platz in der Mitte nehmen nun die Hunde der Gruppe C ein. Gruppe A geht zum freien grünen Pfosten nach außen (**3**), dreht sofort um und geht durch die Gruppe in der Mitte zum freien blauen Pfosten (**4**). Nun müssen die Teams der Gruppe B noch die Hunde der Gruppe C in der Mitte ablösen (**5**). Gruppe C läuft anschließend nochmals durch die Mitte (**6**).

Ruhig verlaufende, hemmende Übungen

→ Anmerkung: Ein Lob dem ÜL, der bis zum Ende die Übersicht behalten hat!
Die folgenden 6 Darstellungen sollen den Übungsablauf verdeutlichen.

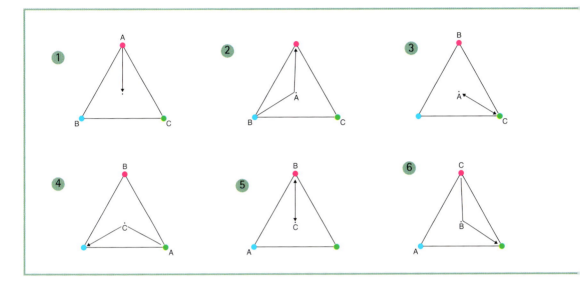

Die Pfeile stellen den Weg der Gruppen im großen Dreieck dar.

Platz an der Linie

Die Teams (Kleingruppe) stellen sich in gerader Linie nebeneinander auf. Auf ein Zeichen des ÜL gehen alle gleichzeitig nach vorne, Hunde frei bei Fuß. Auf ein weiteres Zeichen des ÜL werden die Hunde auf Höhe einer markierten Linie aus der Bewegung ins Platz gebracht, die HF gehen zügig weiter. Die HF stellen sich ihren Hunden gegenüber auf, verharren kurze Zeit und gehen dann zu ihren Hunden zurück.
Diese Übung kann in verschiedenen Formen abgewandelt werden:
- Aufstellung und Ablauf wie vorher beschrieben, jedoch steht vor den Hunden an der markierten Linie eine Ablenkungsperson.
- Aufstellung und Ablauf wie vorher, doch wirft die Ablenkungsperson einen Ball spielerisch in die Luft und fängt ihn selbst wieder auf. Sie sollte dabei mit etwas Abstand zu den Hunden vor sich hin schlendern, ohne die Hunde dabei besonders aufzufordern.
- Aufstellung und Ablauf wie vorher, doch kickt nun die Ablenkungsperson den Ball vor sich her. Ein geübter Hobbyfußballspieler kann hier auch seine Dribbelkünste vorführen!

- Aufstellung und Ablauf wie vorher. Nun kann eine Ablenkungsperson auch ein Kinderspielzeug hinter sich herziehen, zum Beispiel Wackeldackel, Zieh-Ente oder Teddy an einer Schnur.

Platz in verschiedenen Gruppen

Die Gruppe wird in drei Untergruppen aufgeteilt, die sich in einiger Entfernung in einem gedachten Dreieck gegenüberstehen. Alle Hunde liegen Platz. Die HF entfernen sich ein gutes Stück von ihren Hunden. Ein HF geht nun mit seinem Hund an lockerer Leine oder frei bei Fuß um die beiden gegenüberliegenden Gruppen herum und dann wieder in seine Gruppe zurück. Nächster Hund aus einer anderen Gruppe genauso, bis jeder einmal an der Reihe war.

> **TIPP**
> Es ist darauf zu achten, dass die Ablenkungen keine Bedrohung für die liegenden Hunde darstellen dürfen.

Platz mit starken Ablenkungen

3 bis 4 Hunde werden in einer geraden Linie mit etwas Abstand abgelegt. Um die Hunde stellen sich mehrere Personen im Kreis auf (Abstand zu den Hunden etwa 4 bis 5 m). Zur Ablenkung beginnen nun die Menschen mit verschiedenen Aktivitäten, beispielsweise, sich Bälle zuzuwerfen (auch über die Hunde hinweg), sich zu bewegen, sich hinzusetzen und dergleichen.

▶ **Und wenn es nicht klappt:** Hunde, die sich nicht leiden können, zunächst nicht nebeneinander ablegen. Unsichere Hunde immer mit etwas Abstand zur Gruppe oder den Ablenkungsgegenständen ablegen. Hunde, die von sich aus immer wieder aufstehen, anleinen und ruhig dabei stehen bleiben, nicht dauernd auf den Hund einreden, sondern notfalls einen Fuß auf die Leine stellen. Hunde erst dann frei in Entfernung vom HF ablegen, wenn sie nah bei ihm sicher liegen bleiben. Innerhalb der Gruppe nach Ausbildungsstand differenzieren, lieber auf Nummer Sicher gehen und beim Hund stehen bleiben.

Platz mit starken Ablenkungen: Ballspielen interessiert uns heute nicht!

Ruhig verlaufende, hemmende Übungen

Begegnungen

Es ist nicht selbstverständlich, dass sich Hunde bei so alltäglichen Dingen wie Begegnungen mit anderen Menschen oder Hunden von sich aus vorbildlich verhalten. Viele Hunde springen an den Menschen hoch oder reißen an der Leine nach vorne. Deshalb muss auch dies geübt werden.

▎ Wenn Hunde gelernt haben, friedlich aneinander vorbei zu gehen, kann der Besitzer auch Begegnungen im Alltag mit Gelassenheit entgegen sehen.

Begegnung Hundeführer / Hundeführer

Zwei zahlenmäßig gleiche Gruppen stehen sich in zwei Reihen gegenüber mit etwa 20 Meter Abstand voneinander. Die ersten beiden sich gegenüber stehenden Teams bewegen sich aufeinander zu und aneinander vorbei. Dabei gehen an der Begegnungsstelle die Teams so, dass HF an HF vorbeigeht und sich die beiden Hunde somit jeweils außen befinden. Nach einer Kehrtwendung nehmen die Teams den Platz des Gegenübers ein. Nächste Paare genauso.

Begegnung Hund / Hund

Aufstellung wie vorher. Die sich gegenüber stehenden Teams bewegen sich wie vorher aufeinander zu und (diesmal Hund an Hund) aneinander vorbei und nehmen nach einer Kehrtwendung den Platz des Gegenübers ein. Nächstes Paar genauso.

Begegnung mit Kehrtwendung

Aufstellung wie vorher. Alle Teams bewegen sich gleichzeitig zur Mitte aufeinander zu und aneinander (HF an HF) vorbei, führen am Platz des Gegenübers eine Kehrtwendung aus und gehen wieder zur Mitte, wo sie sich erneut, diesmal Hund an Hund, begegnen. Ohne stehen zu bleiben, nehmen sie wieder ihren alten Platz in Grundstellung ein. Diese Übung erfordert hohe Aufmerksamkeit jedes einzelnen HF, damit sich alle Teams immer auf gleicher Höhe befinden und zur gleichen Zeit die Kehrtwendung ausführen.

Diese Hunde haben gelernt, bei einer Begrüßung nicht hochzuspringen oder an der Leine zu zerren.

Begegnung mit Begrüßung

Aufstellung wie vorher. Die beiden ersten Teams bewegen sich aufeinander zu. In der Mitte bleiben sie stehen und lassen die Hunde absitzen. Wenn die Hunde an lockerer Leine sitzen, begrüßen sich die HF, wenn möglich, mit Handschlag. Nun geht das nächste Paar los bis zur Mitte und begrüßt sich und so fort. Nachdem auch das letzte Paar diese Übung ausgeführt hat, gehen auf Anweisung des ÜL alle gleichzeitig in der ursprünglichen Laufrichtung weiter und nehmen nach einer Kehrtwendung wieder den Platz des Gegenübers ein.

Begegnungen und Begrüßung im Schneeballsystem

Die Teams bewegen sich nicht in einer Reihe hintereinander, sondern in lockerer Gruppierung durcheinander. Die Hunde gehen dabei trotzdem bei Fuß. Auf ein Zeichen des ÜL hält die ganze Gruppe an, die Hunde sitzen in Grundstellung neben ihren HF. Der ÜL benennt ein erstes Team, das sich nun zwischen den anderen Teams selbst seinen Weg wählt. Dabei sollen Richtungswechsel und Kehrtwendungen eingebaut werden. Bei einem Team seiner Wahl hält der HF an, bringt seinen Hund ins Platz und begrüßt den HF möglichst mit Handschlag. Dabei ist wichtig, dass beide Hunde an lockerer Leine in ihrer Position bleiben. Danach geht der begrüßte HF mit seinem Hund los und macht sich auf den Weg durch die Gruppe. Alle noch sitzenden Hunde können begrüßt werden. Hunde, die im Platz liegen, waren bereits an der Reihe. Der letzte Hund begrüßt den ÜL.

> Hier sind die HF in ihrer Eigenverantwortung gefragt, da sie nur bei solchen Teams stehen bleiben sollten, mit denen diese Übung auch klappen kann.

Begegnung und Platz

Aufstellung wie vorher. Alle Teams bewegen sich gleichzeitig aufeinander zu. In der Mitte bleiben die HF stehen und legen die Hunde ab ins Platz. Dabei sollte etwas Abstand eingehalten werden. Die HF gehen weiter zum Platz des Gegenübers und verharren dort. Auf ein Zeichen des ÜL gehen die HF einzeln nacheinander zu ihrem Hund zurück und bleiben ruhig neben ihm stehen. Sind alle HF bei ihrem Hund angekommen, werden die Hunde auf ein weiteres Zeichen des ÜL in Grundstellung gebracht. Dann gehen alle Teams in der ursprünglichen Laufrichtung weiter, bis sie sich nach einer Kehrtwendung wieder gegenüber stehen.

Begegnung an der Parkbank

Ein HF sitzt auf einer Parkbank. Auf dem Übungsplatz könnten dafür ein Hindernis (z.B. Brücke) oder ein paar Gartenstühle verwendet werden. Der Hund wird dicht beim HF abgelegt. Ein anderer HF kommt mit seinem Hund vorbei, bleibt stehen und lässt seinen Hund abliegen oder absitzen. Nun unterhalten sich die HF eine **Zeit lang**, dabei sollen sich beide Hunde ruhig verhalten und in der angegebenen Position verharren. Danach steht der erste HF auf, bringt seinen Hund in Grundstellung und geht mit ihm weiter. Der **zweite** HF nimmt den

■ Auch bei einer längeren Unterhaltung warten die Hunde geduldig. Ihre Besitzer können sich ganz auf den Gesprächspartner konzentrieren.

Platz auf der Parkbank ein, bis ein dritter HF mit seinem Hund zu ihm kommt und so fort.

Begegnung mit fremden Hunden

Nach kurzer Zeit kennen sich die Hunde einer festen Übungsgruppe gut, so dass die anderen Hunde keine große Reizquelle mehr darstellen. Sie reagieren auf die Hunde ihrer Gruppe gleichgültiger, die Ablenkung ist gering geworden. Dies ist vor allem festzustellen, wenn nur Hunde der gleichen Rasse miteinander üben. Es ist sinnvoll, immer wieder einen fremden Hund in die Gruppe einzuladen oder die Begegnung draußen zu suchen. Die Einladung in die Gruppe bringt den Vorteil, dass dieser Hund gezielt ausgewählt werden und die Begegnung öfter wiederholt oder sogar provoziert werden kann. Der fremde Hund läuft an der Gruppe vorbei, auf die Gruppe zu oder auch einmal an liegenden Hunden der Gruppe vorbei. Der fremde Hund muss selbstverständlich gehorsam und verträglich sein.

Ruhig verlaufende, hemmende Übungen

Begegnung in der Gasse

Zwei zahlenmäßig gleiche Gruppen stehen sich im Abstand von etwa 3 bis 4 m gegenüber und bilden dadurch eine Gasse. Die beiden letzten sich gegenüber stehenden Teams gehen gleichzeitig aufeinander zu, wenden sich dann zur Gasse und durchlaufen diese paarweise. Am Ende trennt sich das Paar und reiht sich in die jeweilige Gruppe ein.

■ Gleichgültig, ob Kinder, Hunde oder eine Hecke die Gasse bilden, die Teams setzen ihren Weg unbeirrt fort.

Begegnung an der „Hausecke"

Eine Hausecke oder der Parkplatz des Übungsplatzes wird dazu genutzt, um „unerwartete" Begegnungen an Straßenecken zu simulieren. Ein HF geht mit seinem Hund an der Hausseite entlang, ein zweiter HF läuft ihm von der anderen Seite mit seinem Hund entgegen und kommt erst unvermittelt nah vor dem anderen Hund in dessen Sichtbereich. Beide Hunde sollen, vom plötzlichen Auftauchen des anderen Teams unbeeindruckt, konzentriert und willig ihrem HF folgen.

▶ **Und wenn es nicht klappt:** Abstand zu anderen Teams so wählen, dass der Hund diese zwar wahrnimmt, aber nicht so abgelenkt ist, dass er Signale seines HF nicht mehr befolgen kann. Nicht Höflichkeit der HF wird eingeübt, sondern sicherer Gehorsam der Hunde.

Übungen ohne Sprachkommandos (mit Handzeichen)

Wir wollen mit diesen Übungen den HF zeigen, dass man auch ohne lautes Geschrei oder übertriebenes Getue die Hunde auf sich aufmerksam machen kann. Die HF staunen über die Möglichkeiten der Verständigung mit dem Hund und genießen darüber hinaus aller Erfahrung nach die Stille, in der diese Übungen ablaufen.

Es hat sich bewährt, dass der ÜL diese Übungen mit seinem eigenen (gut darauf geschulten) Hund vormacht. So können die Kursteilnehmer in Ruhe das harmonische Zusammenspiel im Mensch-Hund-Team erleben.

Voraussetzung für diese Übungen ist, dass die Hunde den Sinn der Sichtzeichen begriffen haben, das heißt, diese Sichtzeichen müssen zunächst einmal gleichzeitig zum bereits eingeführten Hörzeichen gegeben werden.

Folgende Handzeichen haben sich in der Praxis bewährt	
Übung	Sichtzeichen
Sitz	In Augenhöhe des Hundes und für den Hund gut sichtbare erhobene Hand oder erhobener Zeigefinger.
Platz	Die knapp über Augenhöhe des Hundes waagrecht gehaltene Hand (Handfläche nach unten zeigend) wird vor den Augen des Hundes nach vorne-abwärts geführt.
Komm	HF steht aufrecht und streckt beide Arme zur Seite aus; die Arme werden schnell nicht vor dem Körper, sondern seitlich nach unten geführt. Zusätzlich sollte der HF dabei in die Hocke gehen.

Trockenübung

Jeweils zwei HF bilden ein Paar, einer spielt den Hund, der andere übernimmt die Rolle des HF. Der HF überlegt sich einige Kommandos aus dem gängigen Übungsprogramm des Kurses (Sitz, Platz auf Entfernung, Hier). Diese teilt er seinem „Hund" ohne Worte mit, indem er nur Handzeichen verwendet. Der „Hund" muss erraten, was der HF von ihm erwartet und diese Übungen (andeutungsweise) ausführen. Danach werden die Rollen getauscht. Bei dieser Trockenübung stellen die HF fest, ob ihre Handzeichen wirklich eindeutig und unmissverständlich sind, insbesondere, wenn die Zeichen auf größere Entfernung gegeben werden.

Aus der Bewegung ins Sitz

Die Gruppe bewegt sich in normalem Tempo in einer Reihe, Hunde möglichst frei bei Fuß. Beim nächsten Halt werden die Hunde ohne Hörzeichen oder körperliche Einwirkung nur mit dem Handzeichen ins Sitz gebracht.

> **TIPP** Wenn mit Handzeichen gearbeitet wird, ist auf die Kleidung zu achten. Flatternde Ärmel oder wehende Jackenzipfel könnte der Hund fälschlicherweise als Signal verstehen.

Aus dem Sitz ins Platz

Aus dieser Position werden die Hunde nur mit einem Handzeichen, ohne Hörzeichen, ins Platz gebracht.

Aus dem Platz ins Sitz

Aus der Platzposition werden die Hunde, wiederum ohne Hörzeichen, ins Sitz gebracht. Dazu wird das Handzeichen für Sitz vor den Augen des Hundes mit einer Aufwärtsbewegung des Arms verbunden.

„Dominosteine"

Die HF stellen sich mit ihren Hunden in einer geraden Reihe nebeneinander auf, Hunde im Sitz. Die HF treten von ihrem Hund weg und stellen sich in einer Reihe ihren Hunden gegenüber auf, Entfernung etwa 3 bis 4 m. Der erste HF bringt seinen Hund mittels Handzeichen vom Sitz ins Platz. Sobald der erste Hund liegt, gibt

Ruhig verlaufende, hemmende Übungen

der zweite HF seinem Hund das Handzeichen für Platz und so weiter. Wichtig ist, dass der nachfolgende Hund immer erst dann ins Platz gebracht wird, wenn der Hund davor sicher liegt. Genauso wichtig ist aber, dass der nachfolgende Hund so schnell wie möglich, ohne zeitliche Verzögerung, abgelegt wird. Dies erfordert die Aufmerksamkeit aller HF.

Wenn alle Hunde der Reihe liegen, wird der erste Hund, wieder nur mit Sichtzeichen, ins Sitz gebracht, die anderen Hunde nacheinander ebenso, wie oben beschrieben ("Kettenreaktion"). Die Übung endet damit, dass alle HF wieder zu ihrem Hund treten (Grundstellung).

Herkommen

Die HF stellen sich mit ihren Hunden in einer geraden Reihe nebeneinander auf, Hunde im Sitz. Ein HF tritt mit seinem Hund 2 bis 3 m vor die Reihe. Er lässt (mit Handzeichen) seinen Hund sitzen und entfernt sich etwa 10 m von ihm. Er ruft ihn mit den oben beschriebenen Handzeichen zu sich. Die anderen Hunde müssen dabei ruhig verharren. Der arbeitende HF geht mit seinem Hund wieder an seinen ursprünglichen Platz in der Reihe zurück. Andere Hunde genauso.

▬ Linke Seite: Ein eingespieltes Team – diese Airedale-Hündin hat die Handzeichen verstanden.

Herausrufen aus der Reihe

Die HF stellen sich mit ihren Hunden in einer geraden Reihe auf, Hunde im Sitz. Die HF treten von ihrem Hund weg und stellen sich in einer Reihe ihren Hunden gegenüber auf, Entfernung etwa 10 m. Alle HF geben ihren Hunden ein deutliches Handzeichen zum Sitzenbleiben. Der erste HF tritt etwas vor die anderen HF und ruft seinen Hund nur mit den oben beschriebenen Handzeichen zu sich. Als Hilfestellung kann vorher der Name des Hundes gerufen werden, damit dieser aufmerksam ist. Nach dem Vorsitzen signalisiert der HF seinem Hund mit möglichst wenig Stimmeinsatz (zum Beispiel durch Körpersprache), dass er die Aufgabe gut gemacht hat. Ohne Stimmkommando nimmt er ihn danach bei Fuß und setzt ihn an die ursprüngliche Position in der Reihe der Hunde. Er selbst begibt sich wieder in die Reihe der HF. Der nächste Hund genauso.

> Da jeder Hund anders reagiert, sollten die HF vorher in Ruhe zu Hause ausprobieren, welche Körpersignale des Menschen ihr Hund als Lob empfindet. Die „Hohe Schule" ist es, den Hund zu loben, ohne ihn zu berühren.

Schwieriger wird die Übung, wenn die Hunde nicht der Reihe nach abgerufen werden, sondern durcheinander nach Aufruf durch den Übungsleiter.

▶ **Und wenn es nicht klappt:** Meistens liegt es nicht am Hund, sondern daran, dass die Menschen undeutliche Signale geben. Daher Handzeichen überprüfen, überflüssige Bewegungen vermeiden und Körpersprache kontrollieren. Verständlichkeit der gegebenen Sichtzeichen notfalls in Partnerarbeit als Trockenübung von einem anderen HF überprüfen lassen. Wenn der Hund seine Aufmerksamkeit nicht ungeteilt auf den HF richtet, Ablenkungen durch andere Kursteilnehmer ausschalten, sich wichtiger machen als alles andere drumherum.

Aufmerksamkeitsfördernde Übungen

▪ Rechte Seite: Die Körperhaltung und der direkte Blickkontakt dieser HF könnte auf viele Hunde bedrohlich wirken. Dieser Hund hat allerdings gelernt: „Wenn Frauchen so dasteht, will sie mir etwas erklären."

Ausgangssituation: Im letzten Kurs klagten einige Hundebesitzer immer wieder einmal darüber, dass ihre Hunde sie zu wenig beachten würden und mehr oder weniger tun und lassen würden, was sie wollten. Auf ihren Spaziergängen sei für ihre Hunde vieles wichtiger und interessanter als ihre Besitzer. Auch auf dem Übungsplatz konnten wir beobachten, dass die Hunde leicht abzulenken waren und sich nicht lange auf ihren Besitzer konzentrieren konnten. Um den Kursteilnehmern Hilfestellung zu geben, führten wir vermehrt Übungen durch, die die Aufmerksamkeit der Hunde fördern.

Was wollen wir mit diesen Übungen erreichen? Die Übungen auf den folgenden Seiten schulen in zunehmendem Maße die Fähigkeit des Hundes, sich dem Hundeführer aufmerksam zuzuwenden. Die Hundeführer lernen, sich deutlicher auszudrücken und zielgerichteter zu bewegen. Somit können sie ihrem Hund die Sicherheit vermitteln, genau zu wissen, was sie wollen. Ohne Gewalt und laute Stimme gewinnen sie ihrem Hund gegenüber zunehmend an Autorität. Der Hund wird sich mehr und mehr gerne und freudig an ihnen orientieren.

> Manchen HF ist nicht bewusst, wie sie sich bewegen und dadurch auf ihren Hund wirken. Oft hilft der Einsatz einer Videokamera, um den HF dies vor Augen zu führen.

Fuß-Gehen

Vorbemerkungen: Alle Übungen sind je nach Ausbildungsstand der Hunde an lockerer Leine (Fuß) oder frei bei Fuß durchzuführen. Ziel der Übungen ist der freudig mitgehende Hund, der aufmerksam auch überraschenden Wendungen seines HF folgt. Oft ist jedoch das Gegenteil zu beobachten: Der HF folgt seinem Hund und nicht der Hund dem HF. Für den Hund ist es aber wichtig, dass ihm der HF die Richtung vorgibt. Wir wissen aus eigener Erfahrung, wie schwierig dies sein kann. Die meisten HF haben beim Gehen einen Linksdrall, sie folgen ihrem Hund und machen dabei unbemerkt einen Bogen nach links, sie können nicht geradeaus gehen. Ebenso gehen die meisten HF mit gesenktem Kopf, weil sie ständig nach ihrem Hund schauen, dies meist ohne sich dessen bewusst zu sein. Dadurch verlieren sie ihr Ziel aus den Augen.

Aufmerksamkeitsfördernde Übungen

Trockenübung

→ Materialbedarf: Mehrere Pfosten oder Eimer werden mit einigem Abstand zueinander über das Übungsgelände verteilt aufgestellt und mit gut sichtbaren Nummern versehen. Damit ergibt sich eine Art Zickzackparcours, der von den HF abgelaufen werden muss.

Rechte Seite: Diese Fotos zeigen, worauf es ankommt: Aufrechte Körperhaltung, gezieltes Gehen, stets lockere Leine und ein auch in engen Wendungen aufmerksam folgender Hund!

Die Hunde werden außerhalb des Geländes angebunden oder einem Helfer in Obhut gegeben. Der erste HF geht nun ohne seinen Hund auf die Strecke. Der ÜL gibt ihm einen Nummerncode vor (z.B: 5-8-1-3-2). Aufgabe des HF ist, in der angegebenen Reihenfolge die Zielpfosten anzulaufen und dabei sehr gezielt gerade darauf zuzugehen, zügig zu wenden und in flottem Tempo zum nächsten Pfosten zu marschieren.

Die HF haben dabei die Chance, ganz gezielt von einem Punkt zum anderen zu laufen, ohne auf ihren Hund achten zu müssen.

Telefonnummern

→ Materialbedarf: 10 Eimer oder Pfosten werden mit mehreren Metern Abstand zueinander über das Gelände verteilt. Sie stehen nicht in einer Reihe oder einem Viereck, sondern in beliebiger Anordnung. Jeder Eimer wird jeweils mit einer von weitem gut sichtbaren Nummer markiert (von 0,1,... bis 9).

Die Teams gehen einzeln auf die Strecke. Aufgabe des HF ist, in der angegebenen Reihenfolge die Zielpfosten anzulaufen und dabei sehr gezielt gerade darauf zuzugehen, zügig zu wenden und in flottem Tempo zum nächsten Pfosten zu marschieren, dabei sind die Hunde an lockerer Leine bei Fuß. Nun kann der ÜL seinen HF verschiedene Aufgaben stellen.

- Er gibt zum Beispiel einen Nummercode vor wie oben, also 5-8-1-2-4.
- Die HF bekommen die Aufgabe, ihre eigene (hoffentlich nicht zu lange) Telefonnummer abzugehen. Folgen in einer Telefonnummer dieselben Zahlen gleich hintereinander, können diese natürlich nur einmal angelaufen werden (bei 83449 wird 8-3-4-9 gelaufen).
- Die HF dürfen sich selbst etwa 4 Nummer auswählen, die sie dann gezielt anlaufen sollen.
- Wer seine Telefonnummer nicht auswendig weiss, läuft in Reihenfolge der Postleitzahl seines Wohnorts.
- Die HF stellen sich gegenseitig entsprechende Aufgaben.

→ Anmerkung: Besonders „aufmüpfige" HF bekommen eine Handynummer zugeteilt oder ihre eigene Telefonnummer mit Vorwahl.

Achter laufen

→ Materialbedarf : 2 Pfosten (blau – rot), Abstand etwa 3 m

Von der Grundstellung aus geht der HF mit seinem Hund in Form einer Acht mehrmals möglichst eng um die aufgestellten Pfosten herum. Je nach Ausbildungsstand kann der Abstand der Pfosten auch verkleinert werden. Die Übung endet wieder in Grundstellung. Die anderen Hunde der Gruppe warten in einem gewissen Abstand ruhig im Sitz oder im Platz, bis sie an der Reihe sind. Der jeweils nächste HF macht seinen Hund schon aufmerksam, damit er sofort konzentriert starten kann.

Schnelles Fuß-Gehen

Die Teams gehen im Laufschritt von einem markierten Punkt zum anderen. Der HF muss dabei selbst genau das Lauftempo herausfinden, bei dem sein Hund noch in gesittetem Trab neben ihm her läuft, ohne hochzuspringen, nach vorne wegzuziehen oder in wilde Action auszubrechen. Ideal ist ein Jogging-Tempo, das gleichmäßig auch über längere Strecken durchgezogen werden kann.

Fuß mit Ablenkung

→ Materialbedarf:
- Pfosten mit Flatterbändern, Luftballons oder Fähnchen
- Eimer mit aufgelegtem Futter
- reflektierende Folie auf dem Boden
- großes Stofftier auf dem Boden
- Person mit Fahrradklingel, Einkaufstasche oder Brötchentüte.

Aufmerksamkeitsfördernde Übungen

> **TIPP**
> Der ÜL hat die Ablenkungen so dosiert einzusetzen, dass die Ablenkungen nicht zu einer Reizüberflutung führen. Unsichere Hunde könnten zum Beispiel in größerem Abstand an nur wenigen Reizen vorbeigelenkt werden.

Die HF stellen sich mit ihrem Hund bei Fuß in einer Reihe hintereinander auf. Nach Anweisung des ÜL geht die Gruppe an den auf dem Platz verteilten Reizquellen vorbei (rechts, links, kehrt, schnell, langsam usw.). Die Hunde lernen dabei, sich auch in alltäglichen Situationen (beispielsweise Baustellenabsperrung, Fußgängerzone) auf ihren HF zu konzentrieren und ihm willig und vertrauensvoll zu folgen.

Fuß eng an den anderen Hunden vorbei

Die HF stellen sich mit ihrem Hund bei Fuß in einer Reihe hintereinander auf. Auf Kommando des ÜL geht die ganze Gruppe los, auf Anweisung wendet sich der erste HF in engem Bogen um 180 ° nach rechts, die anderen HF folgen ihm. Auf dieser Geraden sollen die Hunde trotz der Ablenkung durch die entgegenkommenden Hunde auf den HF konzentriert sein. Ist auch der letzte Hund auf der Geraden angekommen, wendet sich der erste auf Anweisung des ÜL um 180 ° nach links, die anderen folgen wieder und so fort.

■ Dicht hintereinander gehen die Teams auch in der engen Wendung.

Fuß im Kreis

Die Teams stellen sich in einem großen Kreis auf und gehen im Uhrzeigersinn los. Auf Anweisung des ÜL wendet sich das **erste** Team um 180 ° nach innen und geht eng an den weiter außen im Kreis laufenden Teams vorbei, bis es am Ende der Gruppe angekommen ist. Nach einer Kehrtwendung schließt es sich als **Letztes** wieder der Gruppe an. Nächster Hund genauso. Der ÜL sollte die Großgruppe ab und zu die Laufrichtung ändern lassen.

■ Während der ganzen Übung „Fuß im Kreis" sollten die Teams gleichmäßige Abstände einhalten.

Fuß in zwei Kreisen

Die Hälfte der HF stellt sich in einem großen Außenkreis, die zweite Hälfte in einem kleineren Innenkreis auf. Dem ÜL bieten sich nun verschiedene Möglichkeiten mit unterschiedlichem Schwierigkeitsgrad:

Aufmerksamkeitsfördernde Übungen

- Die äußere Gruppe bewegt sich im Uhrzeigersinn, die innere dagegen.
- Beide Gruppen bewegen sich in gleicher Richtung in gleichem Tempo.
- Beide Gruppen bewegen sich in gleicher Richtung, die äußere Gruppe in schnellerer Gangart als die innere.
- Die innere Gruppe hält an und lässt die Hunde sitzen, die äußere läuft im normalen Tempo weiter. Danach Wechsel, das heißt die äußere Gruppe hält an und lässt die Hunde sitzen, die innere Gruppe läuft weiter.

> Der ÜL sollte an den "Kreislauf" seiner HF denken und die Gruppen ab und zu die Laufrichtung ändern lassen.

Gezieltes Laufen mit exaktem „Sitz"

→ Materialbedarf: Mehrere verschiedenfarbige Pfosten, aufgestellt in großen Abständen

Die Gruppe stellt sich in einer Reihe auf. Das erste Team beginnt am ersten Pfosten (blau) in Grundstellung und bewegt sich gezielt und in zügiger Gangart zum nächsten Pfosten (rot). Exakt am Pfosten hält der HF an und lässt den Hund sitzen. Nach etwa 5 Sekunden geht der HF mit seinem Hund weiter zum gelben Pfosten. Inzwischen hat sich das zweite Team beim blauen Pfosten aufgestellt. Wenn der erste HF von rot nach gelb startet, startet der zweite HF von blau nach rot. Jeder Hund soll an jedem Pfosten exakt und schnell ins „Sitz" gebracht werden. Die HF müssen aufmerksam nicht nur ihren Hund, sondern auch ihren Vorläufer beobachten, damit alle zum richtigen Zeitpunkt starten. Nachdem der erste HF alle Stationen durchlaufen hat, reiht er sich wieder in die Gruppe ein. Alle anderen Teams genauso.

Gezieltes Laufen mit Wendungen

Zwei zahlenmässig gleiche Gruppen stehen sich in zwei Reihen gegenüber, so dass eine Gasse von etwa 10 m Breite entsteht. Die einzelnen Teams halten etwa 2 m Abstand voneinander. Die erste Gruppe lässt die Hunde sitzen, alle HF der zweiten Gruppe laufen mit ihrem Hund gleichzeitig und zügig los, gerade auf ihr Gegenüber zu und machen genau davor eine exakte Kehrtwende. Danach kehren sie zu ihrem Ausgangspunkt zurück und erreichen nach einer erneuten Kehrtwendung wieder ihre Ausgangsstellung. Die andere Gruppe genauso.

Aufmerksamkeitsfördernde Übungen

Danach läuft die erste Gruppe wie vorher los. Jetzt umrundet jedes Team diesmal das ihm gegenüberstehende Team in einer engen Wendung und kehrt wieder wie vorher zum Ausgangspunkt zurück. Die andere Gruppe wieder genauso.

Tempowechsel

→ Materialbedarf: drei verschiedenfarbige Pfosten, in einem Dreieck mit einer Seitenlänge von mindestens 30 m aufgestellt.

Die Gruppe stellt sich in einer Reihe auf. Das erste Team beginnt am ersten Pfosten (blau) in Grundstellung und bewegt sich gezielt in normaler Gangart zum nächsten Pfosten (rot). Die Strecke vom roten zum gelben Pfosten legt das Team im Laufschritt zurück. Vom gelben zum blauen Pfosten zurück bewegt es sich im langsamen Schritt. Auf deutliche Tempowechsel genau an den Pfosten ist zu achten. Die wartenden Hunde werden abgelegt, jeweils das nächste Team macht sich unaufgefordert bereit.

Paarweises Fußgehen auf der Riesenslalom-Strecke

→ Materialbedarf und Vorarbeiten: Der ÜL gibt eine Strecke vor und markiert diese. Denkbar wären Pfosten, enge Tore oder bereits im Übungsgebiet vorhandene feste Einrichtungen wie Hindernisse.

Nach Anweisung des ÜL werden die Teams paarweise auf die Strecke durch den Slalom geschickt . Nach Möglichkeit werden die Teams so zusammengestellt, dass die Hunde von Größe und Lauftempo her zusammenpassen. Wenn die HF das Tempo ihrer Hunde schon gut steuern können, darf auch ein Bernhardiner neben dem Dackel laufen. Wichtig ist hierbei, dass sich die Teams in engem Abstand und stets, auch in Wendungen, auf gleicher Höhe bewegen. An vom ÜL vorgegebenen Punkten halten die Teams an, die Hunde haben sich schnell zu setzen und je nach Ausbildungsstand entfernen sich die HF ein kleines Stück von ihrem Hund. Nach kurzer Pause setzen die Teams ihren Weg fort.

▶ **Und wenn es nicht klappt:** Zunächst den HF beobachten. Reagiert er schnell genug? Läuft er zielstrebig von einem Punkt zum andern? Bewegt er sich in einem der Aufgabe angemessenem Tempo? Was tut er, damit sein Hund ihn wichtig nimmt? Ist er für seinen Hund wichtiger als alles andere?

Aufmerksamkeitsfördernde Übungen

■ Mit großem Eifer bewältigen die Teams die gestellte Aufgabe: Paarweises Fußgehen auf der Riesenslalom-Strecke.

■ Es ist gar nicht so einfach, seinem eigenen Hund den richtigen Weg zu signalisieren . . .

■ . . . und dabei noch das andere Team im Auge zu behalten!

Aufmerksamkeitsfördernde Übungen

> Unser Test für ungeduldige Hundeführer: Erst wenn ein Hund über längere Strecken an der Umhängeleine bei Fuß läuft, ohne dass der HF eingreifen muss, ist er reif für die Freifolge.

Umhängeleine

Die Umhängeleine kann vielseitig eingesetzt werden. Sie ermöglicht dem HF, beide Hände frei und den Hund dennoch unter Kontrolle zu haben. Der Hundeführer geht mit seinem Hund an der Umhängeleine auf einer vorgegebenen und mit Pfosten markierten Strecke vorwärts. Dabei soll er nach Möglichkeit seine Hände nicht gebrauchen, um den Hund zu korrigieren. Zur Kontrolle verschränkt er die Arme auf dem Rücken oder trägt einen Gegenstand in den Händen. Dabei sollte ihm bewusst werden, wie oft er unnötigerweise an der Leine ruckt und damit über das Halsband auf den Hund einwirkt. Dieses ständige Rucken am Hals ist für den Hund selten eine echte Hilfe, sondern ihm in der Regel eher unangenehm und nicht als eindeutiges Signal zu verstehen.

Formation

Wir verwenden diese Übungen, weil die Teams dabei lernen, über längere Strecken andauernd konzentriert zu arbeiten, auch in unmittelbarer Nähe eines anderen Hundes.

Vorbemerkungen: Damit das Laufen in der Formation gelingt, müssen einige Bedingungen erfüllt sein. Dies sollte der Übungsleiter seinen Hundeführern vor Beginn der Übungen erklären:

- Das **Tempo** der einzelnen Teams muss aufeinander abgestimmt werden, die Hundeführer achten aufeinander (auf gleicher Höhe bleiben, in den Wendungen bewegt sich das jeweils äußere Team schneller als das innere, das manchmal fast auf der Stelle tritt).
- Die **Hundeführer** sollten vor Beginn grob über den Ablauf informiert werden, damit nicht während der Übung **zu viele** Kommandos gegeben werden müssen.
- Die vorgesehene **Fläche** wird vom Übungsleiter vorher exakt abgesteckt (großes Rechteck mit Eck- und markierten Mittelpunkten der Seitenlinien, siehe Zeichnungen S. 38). Jeder HF versucht, sich innerhalb dieser Punkte und Linien so exakt wie möglich zu bewegen.

■ Als Umhängeleine kann eine normale, etwa 2 m lange, mehrfach verstellbare Führleine verwendet werden.

Aufmerksamkeitsfördernde Übungen

Vorübung zur Formation: Wendung

Alle Teams bewegen sich in gerader Linie hintereinander. Auf ein Kommando des ÜL wenden sich alle Teams der Gruppe gleichzeitig um 90 ° nach rechts und gehen parallel auf gleicher Höhe (!) weiter. Jeder achtet auf seinen Nachbarn. Auf ein weiteres Kommando des ÜL wenden sich wieder alle Teams gleichzeitig um 90 ° nach links Sie bewegen sich jetzt wieder alle auf gerader Linie hintereinander.

■ Erst wenn alle Teams eine gerade Reihe bilden, kann das Signal zum gleichzeitigen Wenden um 90 ° gegeben werden.

Vorübung zur Formation: Gasse

Die Teams stehen sich so gegenüber, dass sie eine Gasse von etwa 2 bis 3 m Breite bilden. Die jeweils ersten Teams gehen gleichzeitig zur Mitte, treffen sich dort, gehen paarweise durch die Gasse und reihen sich am Ende wieder in ihre Gruppe ein.

■ Je 2 Teams gehen paarweise durch die Gasse.

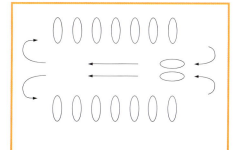

Aufmerksamkeitsfördernde Übungen

Vorübung zur Formation: Kreis

Jeweils vier HF gehen mit ihren Hunden in engem Abstand auf gleicher Höhe (!) geradeaus und in einem weiten Bogen zurück. Dabei bleiben alle vier Teams auf gleicher Höhe, das heißt, das innere Team tritt fast auf der Stelle, das äußerste Team bewegt sich in schnellerem Tempo als die mittleren Teams.

■ Beim Kreis bleiben die Teams immer auf gleicher Höhe.

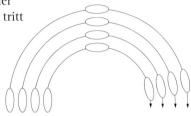

Einfache Formation im „Dressurviereck":

Alle Teams stellen sich auf der Mittellinie paarweise hintereinander auf, und zwar das erste Paar bei X, die anderen dahinter, Blick nach AB. Alle gehen gleichzeitig los bis kurz vor AB (**1**). Hier trennt sich das Paar, das rechte Team wendet sich nach rechts, das linke nach links (**2**). Die nachfolgenden Paare genauso. Nun folgt die rechte Gruppe der langen Seite von B nach C und die linke Gruppe folgt der Seitenlinie von A nach D. Bei CD treffen sich die Paare wieder und gehen wieder zu zweit auf der Mittellinie bis zu AB.

Bei AB wendet sich das erste Paar nach rechts, das zweite nach links, das dritte nach rechts und so fort, immer abwechselnd. Das rechte Paar folgt der Seitenlinie von B nach C, das linke Paar von A nach D, die nachfolgenden Paare genauso. Bei CD treffen jeweils zwei Paare zu einer Viererreihe zusammen und gehen zu viert auf gleicher Höhe durch die Mittellinie bis zu X (**3**). Dort hält die erste Viererreihe an, alle Hunde in Grundstellung. Die zweite Viererreihe hält direkt dahinter an.

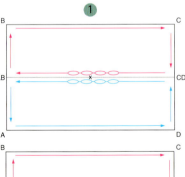

■ Formation im Dressurviereck: Die Eckpunkte können mit Eimern gut sichtbar markiert werden.

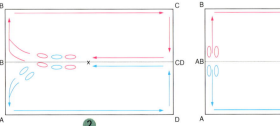

Schwierigere Formation im Dressurviereck

Alle Teams stellen sich auf der Mittellinie paarweise hintereinander auf, und zwar das erste Paar bei X, die anderen dahinter, Blick nach AB. Alle gehen gleichzeitig los bis kurz vor AB. Hier trennt sich das Paar, das rechte Team wendet sich nach rechts, das linke nach links. Die nachfolgenden Paare genauso. Nun folgt die rechte Gruppe der langen Seite von B nach C und die linke Gruppe folgt der Seitenlinie von A nach D. Bei CD begegnen sich die Reihen (Hund an Hund). Beide Reihen setzen ihren Weg auf den Außenlinien fort bis zum Punkt AB. Hier treffen sich die Paare wieder und gehen zu zweit durch die Mittellinie von AB nach CD (1). Hier geht das rechte Paar nach rechts und über die Seitenlinie AD nach A. Das linke Paar geht nach links über BC nach B (2). Bei AB begegnen sich die Paare und gehen scherenartig aneinander vorbei. Jedes Paar setzt seinen Weg fort bis CD. Hier treffen sich jeweils 2 Paare zur Viererreihe und beenden die Übung bei X (siehe Übung: Einfache Formation).

> **TIPP**
> Es hat sich bewährt, bei diesen Übungen einen Assistenten einzusetzen. Der ÜL und sein Assistent stehen am besten bei AB und CD und können damit der Gruppe gezielt im richtigen Moment Anweisungen geben.

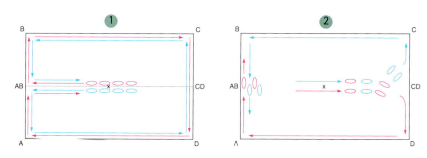

Schwierigere Formation: Von der Mittellinie nach außen geht die Formation im Reißverschlussprinzip. Anschließend gehen die Teams bei AB scherenartig aneinander vorbei.

Schwere Formation für fortgeschrittene ÜL und Teams

Alle Teams stellen sich paarweise hintereinander auf der Mittellinie auf, und zwar das erste Paar bei X, die anderen dahinter, Blick nach AB. Alle gehen gleichzeitig los bis kurz vor AB. Hier trennt sich das Paar, das rechte Team wendet sich nach rechts, das linke nach links. Die nachfolgenden Paare genauso. Die rechte Gruppe wechselt bei B diagonal durch das Rechteck nach D, die linke Gruppe geht von A aus diagonal zu C. Bei X begegnen sich die beiden Reihen dabei scherenartig, das heißt, es geht abwechselnd jeweils ein Team der rechten Gruppe über den Mittelpunkt X (1), danach ein Team der linken

Aufmerksamkeitsfördernde Übungen

Gruppe. Von C bzw. D aus wenden sich die Teams zur kurzen Seite des Rechtecks nach CD, gehen bei CD aneinander vorbei (Hund an Hund). Beide Reihen setzen ihren Weg über A nach B bzw. über B nach A fort. Hier wechseln beide Reihen wieder gleichzeitig diagonal durch das Rechteck wie vorher (2). Am Ende der Diagonalen (bei C bzw. D) wenden sich beide Reihen wieder zur kurzen Seite. Bei CD wenden sich die Teams reißverschlussartig zur Mittellinie, das heißt, erstes Team der rechten Reihe, dahinter erstes Team der linken Reihe, zweites Team von rechts, zweites Team von links und so fort (3). Alle Teams gehen nun hintereinander auf der Mittellinie bis X und beenden dort die Übung in Grundstellung.

■ Die Bewegung der Teams kann vom ÜL zunächst mit Spielfiguren ausprobiert werden.

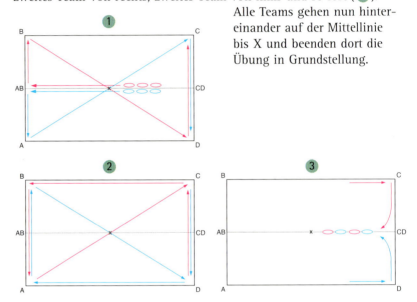

Weitere Abwandlungen und Kombinationen

Der Fantasie (und Nervenstärke) des ÜL sind keine Grenzen gesetzt. Einige Ideen dafür zeigen die beiden Zeichnungen.

■ Profi-Formation für Superteams und -ausbilder: diese Elemente lassen sich in längere Formationen einbauen.

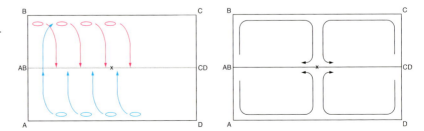

Abrufen mit und ohne Ablenkung

Zuverlässiges Herkommen der Hunde ist eines der Hauptanliegen unserer Kursteilnehmer. Der HF steht bei diesen Übungen in Konkurrenz mit verschiedenen Ablenkungen, die dem Hund sehr viel spannender erscheinen als sein Mensch.

Herkommen ist für die Hunde eine schwierige Übung. Der HF kann aber seinen Teil zum Gelingen beitragen, indem er seinem Hund die richtigen Signale gibt. Damit sind nicht nur die verbalen Kommandos („Komm her!") gemeint, sondern die Signale, die er dem Hund durch seine Körperhaltung vermittelt. Beugt er sich nach vorne dem ankommenden Hund entgegen, oftmals mit einem schnellen Griff ans Halsband verbunden, stellt er für den Hund eine Bedrohung dar, auf die dieser ausweichend reagieren kann. Es lässt sich zum Beispiel beobachten, dass viele Hunde schnell auf den HF zukommen, dann ihr Tempo verlangsamen und schließlich in einigem Abstand verunsichert vor ihrem HF stehen bleiben.

Grundübung zum Herkommen

Der HF führt seinen Hund an einer 2 bis 3 m langen Leine. Die normale, verstellbare Leine wird einfach auf maximale Länge geschnallt. Der Hund bekommt kein Kommando zum Fußgehen, sondern läuft in Leinenentfernung mit dem HF mit. Mit dem Kommando zum Herkommen läuft der HF schnell ein paar Schritte rückwärts. Die rechte Hand mit einem für den Hund sichtbaren Leckerchen befindet sich noch vor der Körpermitte in Höhe der Oberschenkel. Die linke Hand hält die Leine, notfalls wird ein leichter Leinenruck zum Herholen des Hundes gegeben. Ist der Hund dicht vor dem HF angekommen, bleibt dieser abrupt stehen und führt die rechte Hand am Körper entlang nach oben bis in Brusthöhe. Der Hund hat die Nase am Leckerchen und wird sich fast automatisch mit Blick nach oben direkt vor dem HF setzen. Jetzt bekommt er seine Futterbelohnung.

> Auf aufrechte Körperhaltung achten, beim Rückwärtsgehen nicht stolpern!

Trockenübung

Wem dies beim ersten Mal zu schwierig erscheint, übt die richtige Körper- und Handhaltung zunächst ohne Hund. Gut wäre die Kontrolle durch einen anderen HF oder den ÜL.

Aufmerksamkeitsfördernde Übungen

Abrufen aus dem Versteck heraus

Der Hund wird abgesetzt und mit einem Kommando zum Bleiben aufgefordert. Notfalls hält ein Helfer den Hund an der Leine fest. Der HF entfernt sich weit über den Platz und macht beim Weggehen seinen Hund durch Locken auf sich aufmerksam. Der HF versteckt sich. Aus dem Versteck heraus ruft er seinen Hund zu sich. Der Helfer muss den Hund im richtigen Moment schnell von der Leine frei machen.

> **TIPP**
> Auch fortgeschrittene Hunde immer wieder zwischendurch mit Leckerchen fürs korrekte Herkommen belohnen, dies spornt den Hund an! Es muss sich lohnen, zum HF zu kommen!

Einfaches Abrufen durch die Gasse

Die Teams stehen sich in zwei Reihen so gegenüber, dass sie eine Gasse von etwa 3 m Abstand bilden (Grundstellung). Auf Anweisung des ÜL geht ein HF mit seinem Hund an das Ende der Gasse, bringt seinen Hund mit Blickrichtung zum anderen Ende der Hundereihe ins Sitz und geht zügig weiter bis ans andere Ende der Gasse, dreht sich zu seinem Hund um und ruft ihn auf ein Zeichen des ÜL zu sich. Anschließend begibt er sich wieder auf seinen Platz in der Reihe. Nächster Hund genauso.

Erschwertes Abrufen durch die Gasse

Alle Hunde werden so ins Platz abgelegt, dass sie eine gerade Reihe bilden, die HF stehen ihren Hunden im Abstand von etwa 4 bis 5 m gegenüber.
 Auf Anweisung des ÜL geht ein HF mit seinem Hund an das Ende der Gasse, bringt seinen Hund mit Blickrichtung zum anderen Ende der Hundereihe ins Sitz. Er geht zügig weiter bis ans andere Ende der Gasse, dreht sich zu seinem Hund um und ruft ihn auf ein Zeichen des ÜL zu sich. Anschließend bringt er seinen Hund wieder auf seinen Platz in der Reihe. Nächster Hund genauso.

Abrufen durch eine Menschengruppe

Eine Gruppe von Menschen (ohne Hunde) bewegt sich auf einem kleinen Gebiet durcheinander. Jeweils ein HF geht mit seinem Hund bei Fuß zunächst durch die Gruppe hindurch. Hinter der Gruppe setzt er seinen Hund ab, geht wieder zurück und ruft den Hund durch die Menschengruppe zu sich. Der Hund sollte zügig kommen, ohne allzu

großes Interesse an den Menschen zu zeigen. Die anderen Hunde warten in entsprechender Entfernung, damit sie für den arbeitenden Hund nicht zur zusätzlichen Ablenkung werden.

■ Kein Blick für die Köstlichkeiten auf der Picknickdecke – Frauchen hat mich gerufen!

Abrufen an einer am Boden liegenden Person vorbei

Eine oder mehrere Personen sitzen auf dem Boden, ähnlich einer Situation im Stadtpark am Sonntagnachmittag oder bei einem Sonnenbad am Strand. Sie könnten essen, Musik hören, ein Picknick machen, Ball spielen oder Ähnliches. Ein HF geht mit seinem Hund bei Fuß an diesen Menschen vorbei, lässt ihn in einiger Entfernung sitzen, geht dann wieder zurück und ruft seinen Hund an diesen Personen vorbei zu sich her. Der Hund sollte zügig kommen, ohne allzu großes Interesse an den Menschen zu zeigen. Die anderen Hunde warten in entsprechender Entfernung, damit sie für den arbeitenden Hund nicht zur zusätzlichen Ablenkung werden.

Aufmerksamkeitsfördernde Übungen

■ Das Abrufen klappt nur, wenn der Hundeführer für seinen Hund wichtiger ist als die anderen Hunde.

Abrufen an Futter vorbei

Entlang einer bestimmten Strecke werden in Abständen von etwa 1 bis 2 m verschiedene Futterablenkungen ausgelegt (wie Käse, belegtes Brot, Wurstzipfel, Wurstpapier, Hundekuchen). Diese Futterbrocken sollten auf einem umgedrehten Eimer oder auf Papier liegen, damit sie für die HF besser erkennbar sind. Die Futterbrocken können entweder beidseitig als Gasse oder nur in einer langen Reihe ausgelegt werden. Der erste HF geht mit seinem Hund an diesen Ablenkungen vorbei, setzt ihn am Ende ab und geht zurück zum Anfang der Reihe. Auf ein Zeichen des ÜL ruft der HF seinen Hund zu sich. Der Hund sollte zügig kommen, ohne sich unterwegs an den Futterbrocken zu bedienen. Die anderen Hunde warten in entsprechender Entfernung, damit sie für den arbeitenden Hund nicht zur zusätzlichen Ablenkung werden.

Abrufen durch die Gruppe der liegenden Hunde

Maximal acht Hunde werden in lockerer Gruppierung ins Platz abgelegt, die HF entfernen sich ein Stück nach außen. Jeweils ein HF setzt seinen Hund außerhalb hinter der Gruppe ab, geht zur anderen Seite der Hundegruppe und ruft seinen Hund zu sich. Die anderen Hunde müssen im Platz verharren, der arbeitende Hund sollte freudig und in schneller Gangart zu seinem HF eilen. Der arbeitende Hund wird wieder zurück gebracht und an der ursprünglichen Stelle abgelegt. Nächster Hund genauso.

Aufmerksamkeitsfördernde Übungen

Abrufen durch eine Gruppe sich bewegender Hunde

Maximal acht HF mit angeleintem Hund bewegen sich in lockerer Gruppierung durcheinander. Jeweils ein HF leint seinen Hund ab und geht mit ihm frei bei Fuß durch die Gruppe. An einer Stelle außerhalb der Gruppe lässt er ihn sitzen und bewegt sich in der Gruppe weiter. Nach einiger Zeit gibt ihm der ÜL das Zeichen zum Abrufen. Der HF gibt seinem Hund ein deutliches Zeichen zum Herkommen, der Hund sollte schnell und direkt zu ihm kommen. Danach leint er ihn wieder an und bewegt sich in der Gruppe weiter. Nächster Hund genauso.

Abrufen durch eine Röhre oder einen Kriechtunnel

Hunde, die bereits an Hindernisse wie Röhren, Laufsteg oder Kriechtunnel gewöhnt sind, können auch über oder durch diese abgerufen werden.

▶ **Und wenn es nicht klappt:** Grundsätzlich erst einmal mit langer Feldleine arbeiten. Kein Risiko eingehen und den Hund nicht zu früh ohne Korrekturmöglichkeit herrufen. Sich nicht von ehrgeizigen Kursteilnehmern zu Experimenten überreden lassen. Ablenkungen so dosieren, dass sie vom Hund noch wahrgenommen werden, aber nicht zum Mittelpunkt seines Interesses werden. Körperhaltung des HF überprüfen, er darf sich nicht nach vorne beugen.

■ Das Abrufen durch die Röhre macht dem Team offensichtlich Spaß!

Konzentration durch Körperschulung

Ausgangssituation: Durch die Ausbildung der eigenen Hunde, auch im Bereich der Rettungshundearbeit, und aufgrund von Erfahrungen mit unseren Pferden kamen wir auf die Idee, ein ganz neues Kapitel in unser Programm mit aufzunehmen.

Was wollen wir mit diesen Übungen erreichen? Die Bewältigung von andersartigen Aufgaben bringt Erfolgserlebnisse für Mensch und Hund an ganz unerwarteter Stelle. Dies schafft Vertrauen und fördert die Bindung zwischen dem Hund und seinem Besitzer. Die Besitzer trauen ihren Hunden danach mehr zu und umgekehrt scheinen auch die Hunde ein gewisses Selbstbewusstsein und Zufriedenheit über die gemeisterte Aufgabe zu zeigen. Durch die Aufgabenstellung sind die Hunde gezwungen, sich auf ihren Körper zu konzentrieren und Bewegungen bewusst auszuführen. Dieses gezielte Training auch ungeübter und vernachlässigter Muskel- und Körperpartien bedeutet eine Art „Gehirnjogging" für den Hund. Der positive Effekt zeigt sich darin, dass hektische Hunde ruhiger und leicht ablenkbare Hunde zunehmend konzentrierter werden.

Vorbemerkungen: Es kommt bei allen diesen Übungen nicht auf die Geschwindigkeit an, mit der ein Hund sie bewältigt! Ein Vergleich mit Agility ist in diesem Zusammenhang nicht angebracht, der sportliche Ehrgeiz wie im Breitensport wäre fehl am Platze. Ziel der Übungen ist der ruhig und aufmerksam mitarbeitende Hund. Der ÜL sollte für eine entspannte Arbeitsatmosphäre sorgen. Der Hund soll lernen, auf die Körpersprache seines HF zu achten und sich auf eine Weise zu konzentrieren, die statt für Anspannung für Entspannung sorgt. Alle Übungen werden zunächst an der Leine durchgeführt. Ruhige Kommandos des HF helfen dem Hund, sich zu konzentrieren.

Rechte Seite: Entspanntes Stehen im Gleichgewicht auf ungewohntem Untergrund: Motorische Geschicklichkeit und ruhiges Verhalten sind nicht für jeden Hund selbstverständlich.

Stangen

→ Material: Benötigt werden mindestens sechs bis acht, besser mehr, glatt gehobelte Stangen unterschiedlicher Stärke von etwa 2 m Länge (Rundhölzer vom Zaunbau oder Ähnliches). Sie liegen rutschfest auf Rundhölzern mit Einkerbungen, Styroporblöcken oder ausgeschnittenen Kunststofftöpfen.

Konzentration durch Körperschulung

„Hoffentlich kommt uns jetzt keiner entgegen!"

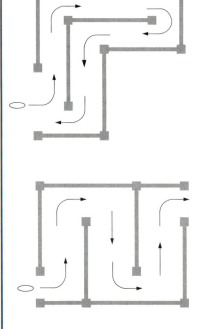

Einbahnstraße

Die Balken werden so aufgestellt, dass ein schmaler Weg entsteht, den der Hund nur in vielen engen Wendungen durchlaufen kann. Er darf gerade so breit sein, dass HF und Hund nebeneinander stehen und gehen können, allerdings nicht breiter. Zwei Möglichkeiten zum Aufbau der Stangen zeigt die nebenstehende Zeichnung im Detail.

Die Teams gehen in langsamem Tempo einzeln diesen schmalen Weg entlang. An jeder Ecke muss sich der Hund um seine Körpermitte biegen, er soll Schritt für Schritt im Gleichgewicht vorwärts gehen und darf nicht vorpreschen oder gar über die Stangen steigen. Wird der Hund zu hektisch, hält das Team jedesmal an. Wenn sich der Hund dadurch nicht beruhigt, wird er in Ruhe zum Ausgang zurückgebracht und die Übung von neuem begonnen. Die anderen Teams warten in einigem Abstand, um nicht zur Ablenkung zu werden.

Konzentration durch Körperschulung

Mikado

Die Stangen werden in einem wildem Gewirr übereinander gelegt. Sie können an einigen Stellen direkt auf dem Boden aufliegen, an anderen Stellen werden sie auf die Auflagen gesetzt, bis zu einer Höhe von etwa 25-35 cm je nach Hundegröße. Aufbau siehe Zeichnung.

Die Teams steigen einzeln langsam und vorsichtig über den Parcours. Der Hund soll weder springen noch allzu sehr zögern. Er hebt seine Pfoten bewusst über die Hindernisse, wobei die Pfoten einzeln nacheinander gesetzt werden sollten. Hilfestellung bekommt er durch die Körperhaltung seines ebenfalls langsam und bewusst über die Stangen steigenden HF. Auch hier gilt, dass hektische Hunde nicht bestraft, sondern in Ruhe zum Ausgangspunkt zurückgebracht werden und neu begonnen wird.

→ Abwandlung: Es kann zusätzlich eine Holzleiter mit weitem Sprossenabstand auf den Boden gelegt werden. Der Hund tritt in die Sprossenzwischenräume.

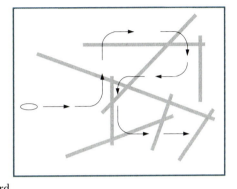

Achtung: Alles Material muss auf Verletzungsgefahr überprüft werden (herausstehende Nägel, Astspitzen, wakkelnde Lagerung, Rutschgefahr usw.).

▬ Mikado: Hundepfoten und Menschenfüße brauchen genügend Raum zwischen den Stangen.

Reifen

→ Material: Benötigt werden einige Kunststoffreifen (Hula-Hoop-Reifen aus dem Spielwarengeschäft) und ein oder zwei Autoreifen ohne Felgen.

Hula-Hoop-Reifen

Die Hula-Hoop-Reifen können in Form eines Kreises oder als gerade Strecke flach auf den Boden gelegt werden. Die Teams gehen einzeln die Strecke entlang, so dass die Hunde in die Reifen treten, die HF neben den Hunden mitgehen. Die Hunde sollen in flüssigem Bewegungsablauf Pfote für Pfote in die Reifen treten und nicht springen.

Autoreifen

Eine Steigerung dieser Übung ist der Autoreifen. Die Reifen werden flach auf den Boden gelegt. Die Teams gehen nun die Strecke entlang.

Die Hunde sollen Pfote für Pfote in die Autoreifen treten, der HF geht in normalem Tempo daran entlang. Ziel ist, dass die Hunde im normalen Schritttempo die Reifen wie selbstverständlich in ihren Bewegungsablauf einbeziehen und Tritt für Tritt durchschreiten, ohne stehen zu bleiben.

Unsichere Hunde dürfen nicht unter Druck dazu gezwungen werden. Oft hilft ein Leckerbissen in der Hand des HF, die weit unten im Autoreifen angeboten wird. Dadurch weist die Hand den Weg nach vorne-unten.

Linke Seite: Schritt für Schritt geht der Hund ganz konzentriert durch den Reifen.

Gartenzaun

→ Material: Benötigt wird ein Gartenzaunelement mit etwa 10 cm breiten, gleichmäßig angeordneten Querlatten, Länge des Elements mindestens 2 m. Später kann auch eine Leiter verwendet werden.

Waagrecht in geringer Höhe

Das Zaunelement wird sicher und stabil auf Backsteinen gelagert. Der HF bringt seinen Hund zum Anfang des Elements und ermutigt ihn zum Betreten. In langsamer Gangart bewältigt der Hund das Element, indem er Pfote für Pfote auf die Querlatten tritt. Nimmt er, was anfangs oft vorkommt, die Hinterbeine nicht mit nach vorne (der Hund wird „immer länger"), setzt ein Helfer die Hinterpfoten dem Bewegungsablauf entsprechend auf die Latten. Da sich die Hunde oft steif machen, hat dies behutsam unter Loben zu geschehen.

Waagrecht in etwa einem halben Meter Höhe

Beherrscht ein Hund die vorige Übung sicher, kann die Schwierigkeit gesteigert werden. Das Zaunelement wird nun höher gelagert und um eine Stufe (Betonblock oder Ähnliches) als Auf- und Abgang ergänzt. Der Ablauf entspricht dem der vorigen Übung. Der Helfer sichert den ungeübten Hund ab, indem er eine Hand unter dem Bauch des Hundes mitführt, ohne diesen zu berühren, so dass er ihn notfalls abstützen kann. Vermehrt ist darauf zu achten, dass keine Pfote in den Zwischenraum zwischen den Latten tritt. Der Hund darf nicht zum Ende hin immer schneller werden und unkontrolliert abspringen!

TIPP Der Helfer hat darauf zu achten, dass keine Pfote in den Zwischenraum tritt, da der Hund erschrecken und sich verletzen könnte.

Konzentration durch Körperschulung

■ Diese Hündin hat bereits gelernt, den ganzen Körper einzusetzen. Voll konzentriert und Pfote für Pfote tastet sie sich im normalen Bewegungsablauf vorwärts.

■ Mit Unterstützung der HF wagt sich dieser Hund auch an ungewohnte Aufgaben.

Schräge Leiter

Eine weitere Steigerung ist die schräg liegende Leiter mit breiten Sprossen. Auch dazu kann wieder der Gartenzaun verwendet werden. Das eine Ende liegt sicher auf dem Boden, das andere liegt in etwa 50 bis 80 cm Höhe an einer Bank oder ähnlichem auf. Wichtig ist, dass der Hund auf dieser Bank weitergehen kann und dass für einen sicheren Abgang gesorgt ist, da die Hunde anfangs die schräge Leiter nicht wieder hinuntergehen können. Ablauf und Hilfestellung wie bei den vorigen Übungen. Beherrscht ein Hund diese Übung sicher, kann versucht werden, ihn zum Abwärtsgehen auf der Leiter zu bewegen.

Gitterrost

→ Material: Benötigt wird ein Lichtschachtgitter oder Kompostdurchwurfsieb, etwa 50 × 100 cm groß. Die Gitterreihen dürfen nicht zu breite Abstände oder scharfe Kanten haben.

Waagrechtes Gitter

Der Rost wird sicher auf vier Backsteinen gelagert. Der Hund geht Tritt für Tritt über diesen Rost. Zögernde Hunde werden durch freundliche Aufmunterung oder ein Leckerchen ermutigt. Notfalls sollte man damit zufrieden sein, wenn der Hund erst nur mit den Vorderpfoten den Rost betritt, und die Übung nach und nach ausbauen.

Schräge Ebene

Der Rost wird in flachem Winkel als schräge Ebene gelagert. Die höchste Stelle sollte nicht mehr als 30 bis 40 cm über dem Boden liegen, damit der Hund problemlos hinuntersteigen oder -springen kann. Für kleine Hunde ist eine Zwischenstufe anzubringen.

▶ **Und wenn es nicht klappt:** Notfalls mit dem Hund einzeln üben, ohne Ablenkung durch die Gruppe. Keinen Zeitdruck, keinen Gruppendruck zulassen. Falschen Ehrgeiz der HF bremsen. Sich mit kleinen Schritten begnügen und Teilerfolge belohnen. Bei ständigem Verweigern bestimmter Hindernisse Durchführung nicht erzwingen, sondern eventuell durch Tierarzt körperliche Ursachen abklären lassen.

Actionübungen

■ Rechte Seite: "Achtung, ich komme! Aber keine Angst, ich passe schon auf bei der Landung ..."

Ausgangssituation: Bei einem unserer Wochenendkurse standen wir vor dem Problem, dass viele der Kursteilnehmer den normalen Ablauf eines üblichen Kurses schon zu Genüge kannten und mit den gängigen Aufgabenstellungen nur schwer zu motivieren gewesen wären. Deshalb dachten wir uns neue Übungen aus, die wir nachfolgend „Actionübungen" nennen wollen.

? Was wollen wir mit diesen Übungen erreichen? Durch abwechslungsreiche Aufgaben in unterschiedlichem Gelände gelingt es meist recht gut, Hunde und Hundeführer aus ihrem Alltagstrott zu reißen, sie wieder zu motivieren und ihr Augenmerk auf neue Dinge zu richten. Hundeführer und Hunde lernen gemeinsam, für sie zunächst neue und ungewohnte Situationen zusammen zu bewältigen.

Menschensuche

Vorbemerkungen: Das Gelände sollte den Fähigkeiten und dem Alter der Hunde entsprechend gewählt werden. Geeignet sind zum Beispiel ein lichter Wald mit etwas Unterholz, eine Wiese am Waldrand, Strohballen, Holzstapel oder dergleichen. Der HF darf sich nur so weit entfernen, dass sein Hund auch eine reelle Chance hat, ihn zu finden und auf jeden Fall ein Erfolgserlebnis hat. Unerfahrene Hunde suchen in übersichtlichem Gelände. Fortgeschrittene Hunde können auf größere Distanzen und in schwierigerem Gelände suchen. Diese gemeinsame Arbeit fördert die Bindung des Hundes an den Hundeführer.

> **TIPP**
> Keine Actionübung darf in ein wildes Hin- und Herrennen ausarten, bei dem der Hund nur an der Leine herumgezogen wird. Ziel ist immer der an lockerer Leine oder frei folgende Hund! Ungewohntes oder Schwieriges wird langsam aufgebaut und eventuell in Teilschritten vorbereitet.

Einfache Hundeführersuche

Einer der HF hält einen fremden Hund am Halsband fest. Der Besitzer des Hundes lockt seinen eigenen Hund an (mit Stimme, Leckerchen oder Spielzeug), entfernt sich dann schnell von seinem Hund (gegebenenfalls unter weiterem Rufen) und versteckt sich hinter einem Baum

oder im Gestrüpp. Ist der Hund aufmerksam und schaut in die Richtung, in die sein Hundeführer verschwunden ist, wird er mit einem aufmunternden „Such" (oder einem ähnlichen Kommando) losgelassen und sollte nun freudig und schnell nach seinem HF suchen. Hat er ihn gefunden, wird er belohnt (zum Beispiel mit einer Spielrunde oder einer Futterbelohnung). Ist der Hund nicht auf seinen verschwundenen HF konzentriert, ruft dieser nochmal oder zeigt sich noch einmal kurz, bis der Hund den Drang zeigt, ihm zu folgen.

Schwierigere Hundeführersuche

Hat der Hund diese einfache Suche verstanden und sie mehrfach erfolgreich ausgeführt, lässt sich der Schwierigkeitsgrad steigern. Der HF versteckt sich, während eine Hilfsperson mit dem Hund in eine andere Richtung weggeht, so dass der Hund dies nicht beobachten kann. Anschließend macht der HF aus seinem Versteck heraus durch Rufen auf sich aufmerksam, ohne sich zu zeigen. Der Helfer schickt den Hund mit einem aufmunternden Suchkommando los.

■ Linke Seite: Versteckspiele fördern die Bindung im Mensch-Hund-Team.

Suchen einer Fremdperson

Einer der HF versteckt sich außer Sicht des Hundes. Der suchende HF muss jedoch wissen, wo das Versteck liegt. Nun holt er seinen Hund und nimmt ihn an eine lange Leine. Er beginnt, mit Körpersprache und entsprechenden Bewegungen, intensiv nach der „verschwundenen" Person zu „suchen". Wir wollen damit erreichen, dass der Hund an lockerer Leine mitsucht. Er soll weder vorausstürmen noch in Mauselöchern graben, sondern seinen HF bei der Suche unterstützen. Kommen beide bei der Versteckperson an, bedeutet die Belohnung durch die Versteckperson (also nicht durch den HF) ein Erfolgserlebnis für den Hund. Er wird dadurch bei der nächsten Suche mit Freude zu der versteckten Person drängen, um sich dort wieder eine Belohnung zu holen.

> **TIPP** Für nassen Boden eine alte Decke mitnehmen. Die Versteckperson sollte sich darauf einstellen, dass der Hund sie überschwänglich begrüßt, anspringt und schmutzig macht.

▶ **Und wenn es nicht klappt:** Gelände einfacher wählen, Entfernung verringern. Keine weiteren Ablenkungen im Suchengebiet (Wildspuren, Mauselöcher). Versteckperson muss sich interessanter machen und den Hund schon beim Weggehen stärker anreizen.

Gehorsamsspiele

Vorbemerkungen: Wir haben die Erfahrung gemacht, dass die HF bei all diesen Spielen weitaus konzentrierter und zielgerichteter mit ihrem Hund umgehen als beim normalen Übungsbetrieb. Erstaunlicherweise entwickeln auch sonst eher zurückhaltende HF ungeahnten Ehrgeiz und Temperament. Viele Spiele erfordern Tempo und Reaktionsschnelligkeit und enthalten sämtliche Unterordnungskommandos in schnellem Wechsel. Dadurch werden Hund und Mensch angeregt,

Actionübungen

Los gehts – gespannte Aufmerksamkeit am Start zum Staffellauf!

schnell und exakt zu arbeiten. Ein Hundekuchen oder Ähnliches für die Sieger spornt zu noch besseren Leistungen an. Bei allem Ehrgeiz ist wichtig, dass der Hund die Übungen an lockerer Leine oder dicht neben seinem HF mitmacht und nicht wild hin- und herrennt. Er darf auch nicht hinterhergezerrt werden, notfalls muss der HF sein Tempo dem Hund anpassen.

Bei den Spielsituationen ist es durchaus möglich, dass durch die Action- und Wettkampfatmosphäre bei Hund und Mensch Aufregung und Anspannung entsteht. Bis zu einem gewissen Grad ist dies erwünscht, aber diese Stimmung kann sehr schnell umschlagen. Aggressionen kommen auf, die im normalen Übungsbetrieb unterdrückt und kontrolliert werden können. Die allgemein herrschende Aufregung führt dazu, dass manche Hunde den Gehorsam „vergessen" und sich zu animiert und zu aufgedreht verhalten. Daher müssen Gehorsamsspiele überlegt und dosiert eingesetzt werden.

Staffellauf

Die HF verteilen sich mit ihren Hunden auf zwei zahlenmäßig gleich große Gruppen. Innerhalb jeder Gruppe stellen sich die HF hintereinander auf: das jeweils erste Team hinter der vorher markierten Startlinie, die anderen dahinter. Die Hunde sind in Grundstellung und angeleint. Auf ein Signal des ÜL starten die beiden ersten Teams und laufen auf Zeit gegeneinander bis zu einer Wendemarke und dann wieder zurück zur Gruppe. Das nächste Team darf erst dann starten, wenn es den Abschlag durch das vorherige Team erhalten hat.

Auf der Laufstrecke müssen bestimmte Aufgaben erfüllt werden. Dafür hier einige Anregungen:
- Der HF trägt einen Löffel mit einem gekochten Ei oder einem Tennisball über einen Slalomparcours und übergibt diesen Löffel an den nächsten HF.
- Aus einem Eimer Wasser muss mit einer Schöpfkelle Wasser geschöpft werden und zu einem Eimer an der Wendemarke getragen werden, ohne allzu viel zu verschütten. Mit der Schöpfkelle rennt der HF zur Gruppe zurück und übergibt sie an den nächsten HF. Am Ende wird gemessen, in welchem Eimer mehr Wasser ist.
- Der Hund trägt einen Apportiergegenstand oder ein Spielzeug durch eine Slalomstrecke, ohne es fallen zu lassen, und übergibt nach einem sauberen „Aus" an den nächsten seiner Gruppe.
- Erschwert: Der Hund trägt ein gekochtes Ei oder eine Wurst im Fang über die Strecke. Frisst er das „Bringsel" unterwegs, wird die Gruppe disqualifiziert.

Actionübungen

Actionübungen

- Am Start liegen in jeder Gruppe viele Tennisbälle bereit. Der Hund trägt einen Ball zur Wendemarke. Dort soll sich der Hund setzen. Der HF nimmt ihm den Ball ab und geht etwa 3 m weiter nach vorne, von wo aus er den Ball in einen bereitgestellten Korb wirft. Dieser Korb kann entweder in einiger Entfernung oder in etwa zwei Meter Höhe platziert werden. Danach holt der HF seinen (hoffentlich noch brav sitzenden) Hund ab und eilt zurück zum Start. Die Gruppe, die in einer vorgegebenen Zeit die meisten Tennisbälle ins Ziel gebracht hat, ist Sieger.

Faul-Ei

Alle Hunde und HF bilden einen großen Kreis, Blickrichtung nach innen zur Mitte. Die Hunde sind in Grundstellung und angeleint. Ein HF geht mit seinem Hund außen um den Kreis (wichtig: normales Tempo, kein Laufschritt oder Rennen). Er lässt hinter einem der Hundeteams ein Tuch fallen und geht so unauffällig wie möglich weiter. Sobald dieser HF das Tuch bemerkt, nimmt er es auf und geht mit seinem Hund dem anderen Team hinterher. Holt er es ein, muss der Werfer mit seinem Hund in die Mitte gehen und dort den Hund ablegen. Der andere geht weiter und legt seinerseits das Tuch hinter einem anderen Team ab und so fort. Der Hund in der Mitte wird abgelöst, wenn ein weiteres Team eingeholt worden ist.

Eine schwierigere Variante dieses Spiels: Wie oben, aber Hund und HF sitzen ca. 1/2 m auseinander im Kreis. Das Tuch wird jetzt entweder hinter den Hund oder hinter den HF geworfen. Fällt das Tuch hinter den HF (zielen!), geht er die Kreisrunde alleine und der Hund muss sitzen bleiben. Wird er eingeholt, so muss der HF allein in den Kreis, sein Hund bleibt außen sitzen. Fällt das Tuch hinter den Hund, gehen beide gemeinsam im Kreis. Werden sie eingeholt, muss in diesem Fall der Hund alleine in die Mitte und der HF bleibt außen.

Wenn an heißen Sommertagen die Hunde bereits erschöpft sind, die HF aber noch überschüssige Energie haben, empfiehlt sich folgende Abwandlung: Aufstellung im Kreis wie oben, aber dieses Mal werden die Hunde ins Platz gelegt, die HF sitzen neben ihnen. Die Menschen spielen jetzt Faul-Ei, die Hunde bleiben die ganze Zeit über im Platz liegen und laufen nicht mit. Bei dieser Spielart darf nun auch gerannt werden!

> **TIPP**
> Kein falscher Ehrgeiz! Darauf achten, dass der Hund die Übungen an lockerer Leine oder dicht neben seinem HF mitmacht und nicht wild hochspringt. Er darf auch nicht hinterhergezerrt werden. Notfalls muss der HF sein Tempo dem Hund anpassen.

Actionübungen

Reise nach Jerusalem

Alle HF gehen in normalem Tempo mit angeleintem Hund (oder frei bei Fuß) in einer Reihe hintereinander um ein abgestecktes Viereck. Auf Zuruf des ÜL werden die Hunde so schnell wie möglich zum Sitz (alternativ ins Platz) gebracht. Eine weitere Person fungiert als Schiedsrichter. Der Hund, der am längsten dazu braucht, sich zu setzen oder hinzulegen, scheidet aus. Dann setzt sich die ganze Gruppe wieder in Bewegung. Weiter wie oben. Übrig bleiben dann drei Hunde (abhängig von der Gruppengröße) als Sieger. Bei kleineren Gruppen kann man das Spiel auch bis zum letzten Hund durchspielen. Bei größeren Gruppen sollte der ÜL zwischendurch einen Richtungswechsel angeben.

▬ Actionspiele dürfen nicht in wildes Gezerre übergehen. Die Gruppe zeigt beim Faul-Ei-Spiel, worauf es ankommt: Lockere Leine beim Warten und beim Laufen, Spaß und Engagement ohne Chaos.

Wettrennen

Im Gegensatz zum Staffellauf rennen nun immer zwei Hunde ohne ihren HF auf einer abgesteckten Bahn gegeneinander im K.o.-System. Der schnellere Hund gewinnt und kommt eine Runde weiter.

Achtung: Keine unverträglichen Hunde gegeneinander rennen lassen. Einkalkulieren, dass durch die Wettkampfstimmung Aggressionen aufbrechen, die im normalen Übungsbetrieb unterdrückt und unter Kontrolle gehalten werden.

Actionübungen

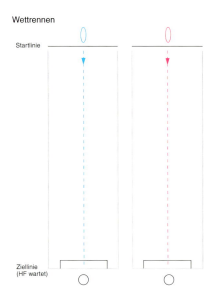

Wettrennen
Startlinie
Ziellinie (HF wartet)

■ Auf die Plätze-fertig-los! Beim Wettrennen muß der HF seinen Hund abrufen.

Die Rennbahn wird am besten mit Bändern abgesteckt, beide Strecken müssen gleich lang und gerade sein. Die Startlinie wird markiert, als Ziel muss ein Tor aufgebaut werden. Der Hund muss zwischen den Torpfosten ins Ziel rennen, rennt er daran vorbei, gilt dies als nicht angekommen. Der HF darf allerdings weiter versuchen, seinen Hund zwischen die Torpfosten zu dirigieren. Ein Schiedsrichter achtet darauf, welcher Hund zuerst die Ziellinie zwischen den Toren passiert hat.

Die beiden Hunde werden an der Startlinie abgesetzt und von einer Hilfsperson am Halsband fest gehalten. Der HF rennt ans Ziel, wobei er beim Wegrennen mit allen Tricks arbeiten darf, um seinen Hund auf sich aufmerksam zu machen. Er kann rufen, dem Hund deutlich ein Leckerchen zeigen oder das Lieblingsquietschtier des Hundes mitnehmen. Es kommt darauf an, dass der Hund so voller Spannung ist, dass er seinem HF so schnell als möglich nachrennen möchte.

Auf ein Startsignal lassen die Helfer die Hunde gleichzeitig los. Die HF rufen ihre Hunde über die Strecke zu sich. Der Hund gewinnt, der als erster durch die Torpfosten gerannt ist und bei seinem HF sitzt. Es ist erlaubt, dass der HF zunächst vor dem Tor stehen bleibt und die letzten Schritte rückwärts durchs Tor geht, wenn der Hund bei ihm angekommen ist.

Nun treten die Gewinner der ersten Runde gegeneinander an, wieder im K.o.-System. Dieses Mal wird auf der Strecke eine Ablenkung eingebaut, zum Beispiel auf zwei Pfosten gelegte Würstchen oder zwei am Boden liegende Bälle. Da es auf die Zeit ankommt, wird der Hund, der sich davon ablenken lässt, leider nicht gewinnen. Da manche Hunde lieber das Würstchen fressen wollen statt als Sieger vom Platz zu gehen, muss der ÜL viele Würstchen in Reserve haben!

In jeder weiteren Runde werden die Ablenkungen schwieriger oder zahlreicher, bis am Ende nur noch die beiden besten Hunde gegeneinander antreten. Der ÜL sollte die gewählten Ablenkungen seiner Hundegruppe anpassen. Möglich wären Flatterbänder, unter denen die Hunde durchrennen müssen, Spielzeug am Weg, ein aufgespannter Regenschirm oder klappernde Dosen an der Strecke. Sie dürfen allerdings die Hunde nicht so erschrecken, dass diese in Panik wegrennen.

> **TIPP** Lässt sich ein Hund nicht gerne von Fremdpersonen festhalten, schlingt der Helfer eine Leine locker durch das Halsband. Beim Loslassen hält er ein Leinenende fest, die Leine gleitet aus dem Halsband und der Hund ist frei.

Indianerangriff

Alle HF stellen sich mit ihren Hunden an der Leine an einer Markierungslinie nebeneinander auf. Weit vorne (etwa 40 bis 50 m) steht der ÜL mit Blick weg von den Hunden.

Ziel der Teams ist, an einer Linie in Höhe des ÜL anzukommen. Gewonnen hat das Team, das diese Linie als Erstes erreicht.

Auf ein Zeichen gehen alle Teams gleichzeitig los nach vorne. Immer wenn der ÜL sich umdreht, müssen alle Hunde im Platz liegen und dürfen sich nicht mehr bewegen. Die HF müssen unbeweglich daneben stehen. Weil jeder, der noch in der Bewegung erwischt wird, wieder ganz an den Start zurück muss, müssen die nach vorne schleichenden Teams blitzartig erstarren. Dies erfordert eine schnelle Reaktion des HF und eine sofortige Umsetzung des Platzkommandos durch den Hund.

Es kann vorher vereinbart werden, in welchen Zeitabständen sich der ÜL umdreht, oder ob er vorher ein Zeichen gibt. Er könnte zum Beispiel immer auf 5 zählen oder vor dem Umdrehen den Arm heben. Gewonnen hat der HF, der als erster beim ÜL angekommen ist. Er legt seinen Hund neben sich ins Platz und übernimmt die Rolle des ÜL.

▶ **Und wenn es nicht klappt:** Gehorsamsspiele ruhiger gestalten, immer nur ein oder zwei Spiele machen und ruhigere Übungen dazwischenschalten, hektische Hunde herausnehmen.

Reizangelspiele (mit Stopp und Start)

Unter einer Reizangel versteht man einen festen Stiel von etwa 150 cm, an dessen oberem Ende eine dicke Schnur von etwa 2 bis 2,5 m befestigt wird. Am Ende der Schnur wird ein Beutegegenstand angebunden. Wer die Reizangel betätigt, sollte die Technik vorher ohne Hund geübt haben. Es ist gar nicht so einfach, die Reizangel zu schwingen, ohne jemand damit zu treffen oder sich selbst hoffnungslos darin zu verwickeln!

Etwa sechs bis acht HF mit Hund bilden einen großen Kreis, die Hunde sind in Grundstellung und angeleint, fortgeschrittene Hunde können frei bei Fuß sitzen. In der Kreismitte steht die Hilfsperson mit der Reizangel und bewegt diese im Kreis. Die Art, wie die Beute bewegt wird, soll an ein fliehendes oder springendes Tier erinnern und dadurch die Hunde motivieren. Daher muss sie einmal schnell und dann langsam bewegt werden und ab und zu, in unregelmäßigen Abständen, sollte die Drehrichtung geändert werden.

Actionübungen

> Der Beutegegenstand muss auf dem Boden gezogen werden und darf nicht durch die Luft fliegen, da er sonst den nachrennenden Hund am Kopf treffen könnte.

Ruhe bewahren

Während die Hilfsperson die Reizangel bewegt, sollen alle Hunde sitzen bleiben. Je länger die Hunde warten müssen, desto begieriger werden sie in der Regel auf die Beute.

Fangen

Während die Reizangel in Bewegung ist, wird einer der Hunde auf Zuruf des ÜL losgeschickt. Er jagt der Beute hinterher. Erwischt ein Hund die Beute, hält die Hilfsperson sofort die Reizangel an. Der HF geht zu seinem Hund und nimmt ihm mit viel Lob die Beute ab (eventuell im Austausch gegen einen anderen Spielgegenstand). Währenddessen verharren die anderen Hunde in größerem Abstand auf ihren Plätzen.

Will ein Hund nicht nach der Beute greifen, beendet die Hilfsperson das Spiel, indem sie die Reizangel zu sich herholt und der HF seinen Hund zu sich ruft oder holt.

■ Volle Power beim Fangen der Beute – der Retriever zeigt sein ganzes Temperament!

Die Beute zu bringen und zuverlässig herzugeben, ist mindestens genauso wichtig. Der schnelle Wechsel von Action und Stoppen schult das Reaktionsvermögen von Mensch und Hund.

Vollbremsung

Gleicher Ablauf wie vorher, doch soll nun der rennende Hund durch ein energisches Kommando vom HF abgestoppt und möglichst ins Sitz gebracht werden, bevor er die Beute erreicht hat. Gleichzeitig mit dem Sitzkommando hält die Hilfsperson die Reizangel an. Der HF geht zu seinem Hund und lobt ihn.

Für fast schon perfekte Hunde kann die Übung noch erschwert werden. Der rennende Hund wird durch ein energisches Kommando gestoppt und möglichst ins Sitz gebracht, obwohl sich die Beute an der Reizangel weiter bewegt. Wenn er zuverlässig anhält, gibt ihm der HF ein Zeichen zum Weiterverfolgen der Beute, um ihn für seine tolle Leistung zu belohnen.

Reizangel ohne Hilfsperson

Alle Übungen können auch ohne Helfer durchgeführt werden. Der HF bewegt die Reizangel selbst. Dazu muss der Hund jedoch auf Distanz sehr gut lenkbar sein und schon einen ausgezeichneten Gehorsam haben.

Actionübungen

▶ Und wenn es nicht klappt: Damit rechnen, dass es Hunde gibt, die an Beute in keiner Weise interessiert sind und sich nur schwer oder gar nicht dafür begeistern lassen. Diese Hunde zuschauen lassen, manchmal lassen sie sich so doch noch motivieren. Ebenso einplanen, dass viele Hunde über Beute aggressiv und unkontrollierbar werden.

Hunde, die auch in Alltagssituationen in Zusammenhang mit Beute aggressiv reagieren, sollten diese Übungen nicht machen, weil sie dabei nicht angeleint sind. Ein schnelles Einwirken auf den Hund ist deshalb schwieriger.

Erlebnisspaziergänge

Rechte Seite: Begegnung beim Waldspaziergang – fast überall bieten sich Trainingsmöglichkeiten.

Ausgangssituation: Immer wieder machten wir die Erfahrung, dass die Hunde auf dem Übungsplatz nach einiger Zeit recht guten Gehorsam zeigten. Häufig berichteten die Besitzer jedoch von Gehorsamsproblemen, sobald die Hunde den Übungsplatz hinter sich gelassen haben. Außerdem merkte man manchen Hunden (und auch ihren Besitzern) an, dass sie das ständige Üben auf dem Platz als langweilig empfanden und sich dadurch weniger motiviert zeigten. Viele HF trauten ihren Hunden auch nicht zu, dass die Übungen vom Platz in vergleichbaren Situationen im Gelände oder auch in der Stadt funktionieren. Sie vermieden solche Situationen aus Angst vor dem Scheitern.

Was wollen wir mit den Übungen erreichen? Die meisten Hundeführer kommen nicht in die Kurse, um später einmal eine Begleithundeprüfung abzulegen. Sie wollen einen für Alltagssituationen gut erzogenen Hund, der nicht an Passanten hochspringt, der auch einmal vor einem Geschäft warten kann, beim Schaufensterbummel oder einer Waldwanderung willig an der Leine geht. Diese Situationen des täglichen Lebens finden sie aber nicht auf dem Übungplatz, sondern in der Stadt und auf Spaziergängen in der Freizeit. Wenn wir die Übungen nach außerhalb verlegen, können die Hundeführer an konkreten, überschaubaren und für den entsprechenden Hund ausgewählten Situationen üben, was sie im Alltag brauchen. Diese kontrollierte Übungssituation schafft Sicherheit und Vertrauen dem Hund gegenüber.

Geländetraining

Vorbemerkungen: Der Übungsleiter hat dafür Sorge zu tragen, dass alle Naturhindernisse so beschaffen sein müssen, dass sie keine Gefahrenquellen für die Hunde und ihre Führer darstellen, das heißt, weder rutschend noch instabil gelagert sind. Bei Übungen in Wald und Flur sind die örtlichen Bestimmungen der Länder und der Forstbehörden zu beachten. Darüber hinaus ist besonders im Frühjahr und im Herbst auf den Nachwuchs der Wildtiere Rücksicht zu nehmen. Außerdem darf durch die Übungen kein Schaden in der Feldflur ver-

Erlebnisspaziergänge

ursacht werden, was je nach Jahreszeit bedeuten kann, dass die Übungen nur auf ausgewiesenen Wegen durchgeführt werden dürfen. Rücksichtnahme auf Spaziergänger ist selbstverständlich. Fremde Menschen und andere Tiere dürfen sich durch die Übungen nicht belästigt oder gar bedroht fühlen.

Zunächst beschreiben wir einzelne Aufgaben, für deren Durchführung an das Gelände keine besonderen Anforderungen gestellt werden.

▌ Rechte Seite: Trittsichere Teilnehmer, gutes Schuhwerk und sicher gelagerte Baumstämme sind die Voraussetzungen für diese Übungen.

Baumstämme

Der ÜL lässt die HF hintereinander über einzelne am Boden liegende Baumstämme klettern, die Hunde folgen an lockerer Leine. Dabei ist darauf zu achten, dass der Hund den HF nicht über die Stämme zieht, sondern eher hinter dem HF zurückbleibt (eventuell Hör- und Handzeichen „Zurück").

Umhängeleine

Die Teams gehen mit den Hunden an der lockeren umgehängten Leine um eng stehende Bäume, unter niedrigen Ästen entlang, zwischen Sträuchern durch, über Baumstämme und andere Hindernissse. Dabei sollten die HF nach Möglichkeit ihre Hände nicht gebrauchen, um den Hund zu korrigieren.

TIPP Der ÜL muss seine HF darauf hinweisen, dass sie auf unvorhersehbare Reaktionen des Hundes gefasst sein müssen und notfalls schnell mit der Hand eingreifen sollten, sonst Sturzgefahr! In ganz schwierigem Gelände keine Umhängeleine verwenden!

Geländewechsel

Die Gruppe bewegt sich mit etwas Abstand durch wechselndes Gelände mit verschiedener Bodenbeschaffenheit (Waldboden, Kies, Wiese, über kleine Bäche, über Brücken und dergleichen). Die Hunde sollen ihrem HF ohne Zögern mit gleich bleibender Aufmerksamkeit folgen, ohne zum Beispiel am Boden zu schnüffeln.

Ablegen und außer Sicht gehen

Der Hund wird an einem Baumstamm ins Platz gelegt. Der HF geht ein gutes Stück weg vom Hund und versteckt sich außer Sicht des

Hundes hinter einem Baumstamm oder in einer Mulde. Nach angemessener Zeit, je nach Ausbildungsstand bis zu mehreren Minuten, kehrt der HF zurück und holt seinen Hund ruhig wieder ab.

Ablegen mit Ablenkungen

Wieder wird der Hund an einer geeigneten Stelle ins Platz gelegt. Der HF entfernt sich außer Sicht. Trotz aller Ablenkungen durch den HF soll der Hund auf dem zugewiesenen Platz verharren. Ablenkungen können sein: HF rennt oder schleicht sich weg, Knacken von Zweigen auf dem Waldboden, Blätterrascheln, Werfen von Tannenzapfen. Nach dem außer Sicht gehen kann der HF zusätzlich einen Apportiergegenstand oder einen Tannenzapfen mit einem Geräusch hinter den Baum werfen. Nach dem Abholen darf der Hund am Versteck suchen, was der HF dort zurückgelassen hat.

Abrufen durch die Gasse am Waldweg

Die HF stellen sich ihren Hunden gegenüber am Rand eines breiten Waldwegs auf, so dass zwischen den sitzenden Hunden und den HF eine Gasse entsteht. Auf Anweisung des ÜL geht ein HF mit seinem Hund an das Ende der Gasse, bringt seinen Hund mit Blickrichtung zum anderen Ende der Hundereihe ins Sitz und geht zügig durch die Gasse bis ans andere Ende, dreht sich zu seinem Hund um und ruft ihn erst auf ein Zeichen des ÜL zu sich. Anschließend bringt er seinen Hund am unteren Ende der Gasse ins Sitz und stellt sich ihm gegenüber wieder am Ende der Menschenreihe auf.

> **TIPP**
> Bei aller Konzentration auf die Übungen Rücksicht auf Wanderer nicht vergessen. Spaziergänger haben Vorfahrt!

Begegnungen im Wald

Trifft man zufällig eine Wandergruppe, gehen die Hunde an lockerer Leine unbeeindruckt an den Wanderern vorbei. Die Hunde können auch am Wegrand oder in lockerer Formation auf dem Weg ins Sitz oder Platz gebracht werden. Nervenstarke Wanderer gehen ebenso unbeeindruckt an der Hundegruppe vorbei. Je nach Einschätzung des eigenen Hundes bleiben die HF entweder bei ihrem Hund oder legen ihn in einigem Abstand ab. Sie sollten dennoch jederzeit auf den Hund einwirken können. Eine freundlicher Gruß oder eine kurze Erklärung durch die HF und den ÜL vermeidet Konflikte und

Erlebnisspaziergänge

schafft eine positive Einstellung der Wanderer zu der Hundegruppe.

Eine Begegnung mit Radfahrern kann in ähnlicher Weise ablaufen. Die HF sollten damit rechnen, dass ein schnelles Fahrrad manche Hunde mehr zum Hinterherrennen animiert als ein gemächlich wandernder Spaziergänger.

Möglich sind natürlich auch Begegnungen mit Reitern, die manchmal ebenfalls ihre Hunde mit sich führen. Hier können unsere Hunde gesittetes Benehmen beweisen, indem sie ruhig am Wegrand sitzen bleiben.

Schmaler Trampelpfad

Manchmal geht man mit seinem Hund auf Pfaden, die ein normales Fußgehen (Hund auf Kniehöhe des

■ Die Hunde bleiben locker bei Fuß: So gibt es keinen Ärger mit Joggern!

■ Vielen Hunden ist das große Pferd nicht geheuer und es ist nicht selbstverständlich, dass sie sich so vertrauensvoll und gelassen an den Wegrand setzen. Praktisch, wenn man ein ruhiges Übungspferd zur Verfügung hat.

Erlebnisspaziergänge

▪ Rechte Seite: Wenn ein Hund das „Zurück" gelernt hat, kann er auch auf gefährlichen Wegen ohne Leine hinter seinem HF laufen.

HF) nicht erlauben, weil sie zu schmal oder zu steil sind. Hier darf dem Hund das Kommando „Fuß" nicht gegeben werden, weil er es gar nicht ausführen könnte. Er darf aber auch nicht nach vorne ziehen (Sturzgefahr). Hier üben wir das Kommando „Zurück" (oder „Langsam" bzw. „Hinten") ein. Das bedeutet, dass der Hund direkt hinter seinem HF geht, ohne an ihm vorbeizudrängeln oder zur Seite auszubrechen. Vorpreschende Hunde werden gebremst durch ein entsprechendes Handzeichen (flache Hand nach hinten weisend). Notfalls drängt der HF den Hund mit dem Knie behutsam nach hinten.

Unterwegs im Gelände

Nun können die einzelnen Übungen zu einem großen Spaziergang zusammengestellt werden. Es bleibt der Phantasie des Übungsleiters überlassen, die natürlichen Geländegegebenheiten in sein Programm aufzunehmen und einzubauen.

Zur Anregung beschreiben wir eine unserer Übungsstrecken. Die Übungsgruppe trifft sich am Beginn eines Felsentales, durch welches ein Trampelpfad entlang eines kleinen Wildbachs führt. Die Teilnehmer sind auf eine Wanderung von etwa 4 bis 5 km eingestellt und kommen mit angepasster Kleidung. Die Hunde tragen ein normales Halsband (ohne Zug) mit Umhängeleine. In der Regel sind die Hunde an der Leine und werden nur auf Anweisung des ÜL für die einzelnen Übungen abgeleint.

▪ Handzeichen und Kommando „Zurück".

Am Beginn der Trainingsstrecke lassen wir die Teams zur Einstimmung der Hunde an lockerer Umhängeleine um ein paar passende Bäume gehen. Unter den Bäumen ist wenig Unterholz und kein Gestrüpp. Nun kommt uns zufällig eine Wandergruppe entgegen und wird gleich ins Programm „eingebaut". Alle Hunde werden am Rand des schmalen Wegs ins Sitz gebracht, die HF stellen sich auf die andere Seite des Wegs. Die Wanderer gehen zunächst zögernd, dann mit zunehmender Gelassenheit, an uns und unseren Hunden vorbei. Unsere Hunde bleiben zuverlässig sitzen, bis die HF wieder bei ihnen sind.

Im weiteren Verlauf führt der Weg über mehrere schmale, leicht federnde Holzbrücken, die insbesondere nach Regen etwas rutschig sein können. Die erste Brücke wird einzeln an lockerer Leine began-

🟨 Nur verträgliche Hunde können so dicht nebeneinander abgesetzt werden.

gen. Immer wieder haben Hunde Schwierigkeiten mit dem schwankenden Untergrund. Häufig gewöhnen sie sich aber daran und gewinnen zunehmend an Sicherheit.

Über die nächste Brücke werden die Hunde einzeln abgerufen. Dazu setzt der HF seinen Hund am Anfang der Brücke ab, lässt ihn warten und geht über die Brücke wieder auf den Weg. Nun ruft er seinen Hund zu sich, lässt ihn vor sich sitzen und leint ihn dann wieder an. Sind alle Teams wohlbehalten angekommen, führt unser Weg zur nächsten Brücke. Der erste HF lässt seinen Hund am Anfang der Brücke sitzen und schickt ihn dann voran über die Brücke. Ehe der Hund im Wald verschwindet, stoppt er ihn durch energischen Zuruf auf dem Weg ab und folgt ihm über die Brücke. Er leint ihn an und tritt zur Seite, damit der nächste Hund Platz hat.

Die letzte Brücke auf unserem Weg nützen wir zu einer gemeinsamen Bleib-Übung. Alle HF bringen ihre Hunde auf der Brücke ins Sitz und gehen weiter zum Ende. Alle Hunde bleiben sitzen, bis sie wieder abgeholt werden.

Nun wird der Weg sehr schmal und rutschig und dadurch schwierig zu begehen. Hintereinander überwinden die Teilnehmer dieses Wegstück, ohne dass die Hunde an der Leine ziehen. Notfalls bleibt der Hund mit dem Kommando „Zurück" dicht hinter seinem HF.

Etwas weiter liegt ein dicker Baumstamm quer über dem Bach. Wer es seinem Hund zutraut und sich nicht scheut, notfalls selbst ins Wasser zu steigen, schickt seinen Hund über diesen Baumstamm voran. Nicht alle Hunde schaffen dies auf Anhieb. Zögernde Hunde bekommen Hilfestellung durch ihren HF, der im Bach stehend oder über den Stamm voraus balancierend seinen Hund mit Leckerbissen lockt. Erstaunlicherweise gelingt es so fast allen Hunden, dieses Hindernis zu überwinden. Nur die Profis unter den Hunden wählen auch den Weg über den Stamm zurück, die anderen kommen durchs Wasser zu ihrem HF.

Das Tal verbreitet sich und der Bach fließt nun in seinem breiteren Bett etwas ruhiger dahin. Im Bachbett liegen mehrere große, leicht begehbare und flache Felsen. Auf einen dieser Felsen sollen die Hunde vorangeschickt werden. Dazu setzt jeder HF seinen Hund an einer geeigneten Stelle mit Blickrichtung zum Felsen am Ufer ab und bringt ihn zur Ruhe. Der Hund wird in gerader Linie durch das hier flache Wasser zum Felsen geschickt. Er springt darauf und wird dann vom HF dort ins Sitz gebracht. Diese schwere Übung schafft fast kein Hund auf Anhieb. Jetzt ist das Einfühlungsvermögen der HF gefragt. Einige werfen zielsicher vor den Augen des Hundes einen Leckerbissen auf den Felsen. Für viele Hunde ist dies Anreiz genug, durch das Wasser zum Felsen zu springen und sich den Leckerbissen zu holen. Andere HF müssen wohl oder übel ihrem Hund durchs Wasser vorausgehen und ihn zum Felsen locken. Die Übung endet, indem der Hund vom Felsen abgerufen wird.

Diese beiden Golden Retriever lieben das Wasser!

Danach führt der Weg über den Bach, der hier durch eine große Betonröhre geleitet wird. Da Ihr Durchmesser ausreichend groß ist und das Wasser heute nicht allzu hoch darin fließt, können wir die Röhre in unser Programm einbauen. Je nach Mut und Können der Hunde rufen die HF ihren Hund durch die Röhre zu sich oder schicken ihn durch die Röhre voran. Mancher Hund zögert hier und braucht die aufmunternde Unterstützung seines HF und einer weiteren Hilfsperson.

Im weiteren Verlauf verbreitet sich der Bach, auch das Tal wird weiter und gibt uns somit Gelegenheit zu unserer nächsten Übung: einer Stoppübung am Ufer. In größerer Entfernung zum Ufer stellen sich alle HF in einer Reihe auf. Nacheinander werden die Hunde in Richtung Was-

Erlebnisspaziergänge

Der Retriever ist in seinem Element, aber es ist kein Beinbruch, wenn sich ein Hund hier vorsichtig verhält und dem Ganzen lieber vom Ufer aus zuschaut.

ser geschickt und am Ufer abgestoppt. Besonders für wasserliebende Hunde ist dies am Ende des etwa zweistündigen, anstrengenden Trainings-Spaziergangs gar nicht so einfach. Zur Belohnung lassen wir die Hunde abschließend gemeinsam ins Wasser – meistens nützen sie dies zu einer ausgiebigen Schwimmrunde.

Stadttraining

Vorbemerkungen: Der ÜL sollte zu Beginn mit den Teilnehmern einige kurze Grundregeln besprechen: Die Hunde sind während des ganzes Stadttrainings angeleint und werden nur auf Anweisung des ÜL bei bestimmten Übungen abgeleint. Außerdem sollte klar sein, dass jeder für die Hinterlassenschaften seines Hundes verantwortlich ist (Tüte mitnehmen) und dass sich Passanten nicht bedrängt oder belästigt fühlen dürfen. Der ÜL sollte daher in Betracht ziehen, eine größere Gruppe aufzuteilen und die Stadtübungen nacheinander mit mehreren Kleingruppen durchzuführen. Sinnvoll ist es, wenn sich die Gruppe erst etwas außerhalb der City trifft, damit die Hunde Gelegenheit haben, sich zu lösen und sich kurz zu begrüßen.

Wir beschreiben zunächst einzelne Gehorsamsaufgaben. Diese mögen auf den ersten Blick unspektakulär erscheinen, doch merkt mancher HF erst bei der Ausführung, wie wenig stadttauglich sein Hund noch ist. Es kann sehr hilfreich sein, wenn man ohne große Aufregung von Mensch und Hund seine alltäglichen Besorgungen erledigen kann und nicht zu sehr auf den vierbeinigen Begleiter Rücksicht nehmen muss. Außerdem bedeutet ein längerer Gang durch die Stadt für viele Hunde eine Stresssituation, weil sie in schneller Abfolge mit vielen, vielleicht unbekannten Reizen konfrontiert werden. Übt man mit diesen Hunden zunächst außerhalb der Hauptgeschäftszeiten oder am Wochenende und gibt ihnen nach jeder Übung die Gelegenheit zur Entspannung, gewöhnen sie sich zunehmend daran.

Hat ein Hund größere Schwierigkeiten, sich an solche Situationen, gleich welcher Art, zu gewöhnen und lassen sich diese in einer Kurssituation nicht lösen, sollte mit dem Hund unter fachkundiger Anleitung gesondert geübt werden. Die Tatsache, dass alle anderen Hunde diese Übung erfolgreich absolvieren, darf einen HF nicht dazu verleiten, seinem Hund unter Druck eine Übung abzuverlangen, deren Duchführung ihm im Moment nicht möglich ist.

Aussteigen aus dem Auto

Es ist absolut unumgänglich, dass ein Hund auch bei geöffneter Tür so lange im Auto wartet, bis er das Kommando zum Herausspringen bekommt. Wir üben dies auf einem ruhigen Parkplatz. Alle Hunde sitzen im Auto ihres Besitzers. Die HF gehen einzeln zum Wagen, öfnen die Seitentür oder die Heckklappe und geben ihren Hunden ein deutliches Zeichen zum Warten („Bleib!" oder Ähnliches). Sie lassen sich dann viel Zeit, um die Leine am Halsband zu befestigen oder führen in Ruhe andere ablenkende Tätigkeiten aus. Dann erst bekommt der Hund das Kommando zum Herausspringen.

Beherrscht ein Hund diese Grundübung, kann als Ablenkung auch ein anderer Hund am geöffneten Kofferraum vorbeigeführt werden oder der HF eine andere Person begrüßen.

Treppe

Auch an einer Treppe sollte der Hund Fuß gehen oder, falls das nicht möglich sein sollte, hinter seinem HF bleiben. Vielen Hunden bereiten Treppen an sich schon Probleme, umso mehr, wenn sie schwierig zu begehen sind wie Gitterrost-Treppen, Treppen mit rutschigen Belägen,

Erlebnisspaziergänge

> **TIPP**
> Vorsicht bei kleinen Hunden mit langem Rücken oder Hunden mit Wirbelsäulenproblemen!

in großen Höhen oder offene Treppen. Damit der ÜL seine Gruppe einschätzen kann, ist es hilfreich, mit einfach zu begehenden Treppen zu beginnen, die Schwierigkeit je nach Gruppe zu steigern und innerhalb der Gruppe zu differenzieren.

Im Regelfall gehen die Teams verschiedene Treppen hinauf und hinunter, wobei die Hunde willig an lockerer Leine folgen sollen. Vorpreschende Hunde werden gebremst durch ein entsprechendes Handzeichen und das Kommando „Zurück". Sie werden auch zurückgehalten durch sehr langsames Gehen oder häufiges Stehenbleiben auf den Stufen. Treppenabsätze eignen sich gut für eine Unterbrechung zum Halten mit Sitz.

Aufzug

In Zweier- oder Dreiergruppen steigen die Teams in einen Aufzug. Wichtig ist, dass ein Helfer die Lichtschranke an der Tür so lange blockiert, bis auch der letzte Hund einschließlich seiner Schwanzspitze sicher im Aufzug verschwunden ist. Während der Fahrt sitzen die Hunde ruhig neben ihren HF, ohne ihren Nachbarn anzuknurren oder mitfahrende Passanten zu belästigen. Beim Aussteigen gehen die Hunde gesittet neben oder hinter ihren HF, ohne vorzudrängeln.

Türen

Das Gehen durch Türen verschiedenster Art (Pendeltüre, sich automatisch öffnende Tür, schwere Drücktüre) sollte ebenfalls geübt werden. Einzeln gehen die HF mit ihren Hunden durch die jeweilige Tür und achten darauf, dass die Schwanzspitze des Hundes nicht von der zufallenden Tür eingeklemmt wird. Die anderen Teams warten in angemessener Entfernung, damit sie nicht zum zusätzlichen Hindernis für genervte Passanten werden. Auch hier gilt die Regel, dass der Hund nicht vor seinem HF durch die Tür drängen darf.

Telefonzelle

Besondere Schwierigkeiten bereitet das Betreten einer Telefonzelle, zum einen durch die Enge der Zelle, durch die oft schnell zuklappende Tür und durch den metallenen Bodenbelag. Im Idealfall betritt der HF die Zelle mit seinem Hund und achtet darauf, dass dieser sich

Erlebnisspaziergänge

■ Der Hund wird heute im Alltag mit vielem konfrontiert, was ihm fremd und unnatürlich erscheint. Eine behutsame Gewöhnung daran ist unumgänglich.

■ Eine offene Wendeltreppe halten viele Hunde zunächst für ein unüberwindliches Hindernis. Mit Geduld und Lob können sie lernen, ihrem Hundeführer an lockerer Leine vertrauensvoll zu folgen.

Erlebnisspaziergänge

dicht neben ihn begibt, damit die Tür geschlossen werden kann. Dann kann er in Ruhe nach Kleingeld suchen, im Telefonbuch blättern und sein Telefongespräch erledigen.

Kann die Übung so nicht durchgeführt werden, weil der Hund vielleicht unsicher ist, hilft es, zunächst den Hund ohne Zwang nur dazu zu bringen, die Zelle zu betreten. Ein Helfer hält die Tür auf. Das Betreten wird mehrmals geübt. Hat der Hund Sicherheit gewonnen, kann das Schließen der Tür hinzugenommen werden. Sehr große Hunde passen nicht in eine Telefonzelle hinein. Sie werden vor der Zelle abgelegt und warten zuverlässig auch längere Zeit, bis ihr HF sein Gespräch beendet hat.

Bleiben vor dem Laden

Die Hunde werden einzeln oder in Kleingruppen vor einem geeigneten Geschäft abgelegt. Der HF verschwindet kurzzeitig aus der Sicht des Hundes. Fortgeschrittene Hunde können frei abgelegt werden. Der ÜL behält aber den Hund im Auge und achtet auf ihn. Auf ein Zeichen des ÜL kehrt der HF zu seinem Hund zurück und holt ihn ruhig wieder ab.

> Für den Alltag ist es besser, den Hund nur mit einem Bleibkommando zurückzulassen, da der Platzbefehl meist nicht kontrolliert und korrigiert werden kann. Außerdem muss der Hund sich durch Aufstehen retten dürfen, wenn ihm jemand auf die Rute oder über die Pfoten tritt.

Bleiben mit Ablenkung durch einen anderen Hund

Der Hund wird vor einem geeigneten Laden abgelegt, der HF entfernt sich ein Stück von ihm, ohne aus der Sicht des Hundes zu gehen. Notfalls kann er so mit Sicht- oder Hörzeichen auf seinen Hund einwirken. Währenddessen schlendert ein zweiter HF mit seinem Hund an lockerer Leine als Ablenkung vorbei, legt seinen Hund danach in etwas Abstand ebenfalls ab und geht ebenfalls einige Meter von ihm weg. Der erste HF holt seinen Hund ab. Nun ist das nächste Team als Ablenkung an der Reihe.

Menschengruppe

Einzeln gehen die HF mit ihren Hunden an lockerer Leine durch Passantengruppen hindurch. Je nach Ausbildungsstand und Charakter des Hundes ist ein entsprechender Abstand zu wählen. Wenn es sich ergibt, kann der HF stehen bleiben, seinen Hund ins Sitz bringen und einen Passanten mit Handschlag begrüßen.

Halt am Zebrastreifen

Vier oder fünf Teams gehen hintereinander auf dem Gehsteig in Richtung des nächsten Zebrastreifens. Wenn die Teams auf Höhe des Zebrastreifens angekommen sind, wenden sich alle gleichzeitig zur Straße hin und lassen die Hunde am Bordstein sitzen. Wenn es der Verkehr erlaubt, gehen die Teams gleichzeitig über die Straße.

Ablenkungen durch Fahrrad

Die Gleichgültigkeit gegenüber Radfahrern kann durch verschiedene Aufgabenstellungen geübt werden. Die Teams können in einer Reihe am Bordstein warten, während ein Radfahrer vorbeifährt. In einer verkehrsberuhigten Zone oder auf einem Parkplatz kann die Hundegruppe in lockerer Formation sitzen oder sich langsam bewegen, während ein Radfahrer entgegenkommt und durch die Gruppe oder an der Gruppe vorbei fährt.

Schwieriger ist es für die Hunde, wenn der Radfahrer von hinten kommt und sie, womöglich mit einem fordernden Klingeln, überholt. Die Hunde sollen in jeder dieser Situationen unbeeindruckt auf ihren HF achten.

Öffentliche Verkehrsmittel

Je nach Möglichkeit verlegt man die Übungsstunde auf den Bahnhof und fährt ein bis zwei Stationen mit der S-Bahn. Hilfreich ist hierbei eine Endhaltestelle der Stadt- oder S-Bahn, an der die Züge bis zur Abfahrt längere Zeit stehen. Dadurch kann das Ein- und Aussteigen in Ruhe geübt werden. Während der Fahrt sitzen die Hunde ruhig bei ihren HF. Hat man gute Beziehungen zu einem Busunternehmen, ist auch eine Fahrt mit dem Linienbus denkbar. Auch hier sollte man beim ersten Mal einen Bus wählen, der längere Zeit an der Haltestelle steht.

> **TIPP** An Endhaltestellen halten Busse und Bahnen in der Regel sehr lange. Es bleibt genug Zeit zum Üben.

Unterwegs in der Stadt

Stellt man diese Einzelübungen zu einem Stadtgang zusammen, findet man eine große Anzahl von Übungsmöglichkeiten, die sich ins Trainingsprogramm einbauen lassen. Da sich hierzu keine genauen

Erlebnisspaziergänge

Anweisungen geben lassen, beschreiben wir nun den Weg einer unserer Übungsgruppen durch die Stadt.

Wie besprochen, treffen wir uns auf einem größeren Parkplatz außerhalb der City. Wir erklären den Teilnehmern nochmals einige wichtige Grundregeln.

Jetzt geht es los. Auf dem Fußweg, der sich vom Parkplatz aus über eine Grünanlage bis zur Innenstadt schlängelt, nützen wir die Zeit für einige Gehorsamsübungen, um die Hunde zu konzentrieren. Der Kinderspielplatz am Weg sorgt für die erste größere Ablenkung. Aufgrund des schönen Wetters sind heute besonders viele Kinder da, die ausgelassen spielen und toben. Die quietschende Schaukel und das Karussell sind ständig in Bewegung. Die Hunde sind voller Spannung, gehen aber trotzdem aufmerksam und willig vorbei.

Vor der Stadthalle stehen einige Parkbänke, auf denen vereinzelt Passanten in der Sonne ausruhen. Manche Teams bekommen von uns die Aufgabe, einfach daran vorbeizugehen. Fortgeschrittene

▀ Dieser American Staffordshire fährt leidenschaftlich gerne mit der S-Bahn. Mit etwas Übung können Hund und Besitzerin es auch schaffen, gleichzeitig einzusteigen.

▀ Heute fahren wir in die Stadt. Der Hund bleibt ruhig im Sitz, während der HF die Fahrtroute auswählt.

Teams suchen sich eine Bank aus, auf der bereits eine Person sitzt. Der HF setzt sich auf den freien Platz, legt seinen Hund davor ab und beginnt eine unverbindliche Plauderei. Sinn ist, dass der Hund auch während eines längeren Gesprächs ruhig liegen bleibt und sich nicht ständig angesprochen fühlt.

Nun führt der Weg über eine steile Treppe mit ausgewaschenen Stufen hinauf zur alten Stadtmauer. Wichtig ist hier, dass die Teams die Stufen einzeln in normaler Gangart bewältigen, ohne dass der Hund an der Leine zieht. Der schmale Wehrgang durch die Stadtmauer wird zu einer Abrufübung benutzt. Er ist so eng, dass ein Hund keine Möglichkeit hat, seitlich auszuweichen. Daher kann der Hund abgesetzt und durch den Gang abgerufen werden.

Die Stadtmauer öffnet sich zum malerischen Marktplatz, den ringsum alte Fachwerkhäuser säumen. Der Marktplatz ist für Autos gesperrt. Es gibt einige Straßencafés, Blumenstände und einige künstlerisch gestaltete Brunnenanlagen. Davon werden in der Regel viele Passanten angelockt. Der

■ Ins Gespräch vertieft: Der Hund bleibt ruhig sitzen.

■ Vertrauensvolle Begegnung zwischen Kind und Hund.

Erlebnisspaziergänge

Marktplatz bedeutet für unseren Kurs eine Fülle von Übungsmöglichkeiten auf engstem Raum. Die Arkaden des alten Rathauses verwenden wir zu einer Slalomübung. Danach bummeln wir durch die Menge der Fußgänger an den Schaufenstern und den Blumenständen vorbei. Auch im langsamen Tempo folgen die Hunde, ohne an der Leine zu ziehen. Die modernen Skulpturen der Ausstellung „Kunst in der Stadt" verwirren manchen Hund und wir nehmen uns die Zeit, sie behutsam daran vorbeizuleiten. Vor der Eisdiele werden die Hunde in kleinen Gruppen abgelegt. Die HF belohnen sich und ihre Hunde mit einem leckeren Eis.

Jetzt kommen wir in die neue überdachte Einkaufspassage. Hier üben wir das Begehen von Treppen verschiedener Beschaffenheit, das Fahren mit dem Aufzug, das Benützen einer Telefonzelle und das Ablegen der Hunde vor den Läden. Eine besondere Schwierigkeit bereitet den Hunden meist die Drehtür zur Tiefgarage. Auch mit den Gitterrosten der Lichtschächte haben manche Hunde ihre Probleme.

■ „Mmmmh – Vanilleeis ist meine Lieblingssorte!" Diese Belohnung gibt es nur ausnahmsweise – ansonsten werden spezielle Hundeleckerchen verwendet.

■ Unbeeindruckt und gelassen begleitet dieser Bernhardiner seinen Besitzer in jeder Lebenslage.

Am Ende der Einkaufspassage werden an einigen Imbissbuden die verschiedensten Zwischenmahlzeiten angeboten. Die Hunde schnuppern schon lange vorher und haben die verlockenden Gerüche in der Nase. Viele schnüffeln am Boden, denn ab und zu liegen Essensreste nicht im Abfalleimer, sondern auf dem Weg. Bei besonders verfressenen Hunden sind die HF gefordert, denn die Hunde sollen sich nicht als Müllschlucker betätigen. Mit einem energischen „Nein" geht der HF zügig an den herumliegenden Pommes frites vorbei.

Wir gehen weiter zu einem flachen Brunnen, an dem sich die Hunde erfrischen können. So gestärkt machen wir uns auf den Rückweg, der uns zunächst an einem Zebrastreifen über die Straße und hinaus aus der Betriebsamkeit der Innenstadt führt. Mehr und mehr lässt der Passantenstrom nach. Dafür aber nimmt nun der Verkehrslärm zu. Immer wieder überholt uns ein Radfahrer mit lautem Klingeln und ruft uns ein mehr oder weniger freundliches „Hallo" zu.

In einer Querstraße ist der Treff der Jugendlichen, die sich hier bei lauter Musik versammeln. Einer hat heute sogar seine zahme Ratte auf der Schulter sitzen. Verwundert schauen die Hunde: so etwas haben sie noch nie gesehen! Auf dem großen Platz vor der alten Stadtkirche wird es ruhiger, und nachdem die Hunde jetzt auch schon etwas müde sind, gelingt die Bleibübung fürs Gruppenphoto meist ganz gut.

■ Auch ausgefallene Begegnungen mit Menschen und Tieren sollten unsere Hunde nicht aus der Fassung bringen.

Nach so vielen Gehorsamsaufgaben in schneller Folge merken wir den Hunden und auch ihren HF an, dass ihre Aufmerksamkeit nachgelassen hat. Wir wollen ihnen nicht noch mehr zumuten. Der restliche Weg zurück zum Parkplatz, der nur noch durch die Grünanlage führt, dient lediglich der Entspannung. Die HF finden sich in kleinen Gruppen zusammen, in denen sich die Hunde gut vertragen. Sie sollen nun friedlich an lockerer Leine mitgehen.

Apportieren

Rechte Seite: Freudig und schnell kommt die Golden Retriever-Hündin zurück: „Schau mal, was ich gefunden habe!"

Ausgangssituation: Nach der bestandenen Begleithundeprüfung kamen einige Hunde in unseren Kurs, die sich zunehmend unlustig zeigten und den Gehorsam verweigerten, wenn es ans Apportieren ging. Die Ursache lag offensichtlich darin, dass fast ausschließlich der exakte Prüfungsverlauf geübt worden war.

? Was wollen wir mit diesen Übungen erreichen? Um die Hunde neu zu motivieren und dennoch alle Aspekte des richtigen Apportierens abzudecken, überlegten wir uns andere Aufgabenstellungen. Für alle Übungen wird vorausgesetzt, dass die Hunde die Grundlagen des Apportierens sicher beherrschen. Je nach Ausbildungsstand sind die Hunde angeleint oder sitzen frei bei Fuß.

Gruppenübungen

Es ist nicht möglich, dass alle Hunde gleichzeitig apportieren. Die nicht arbeitenden Hunde dienen zum einen als Ablenkung für den apportierenden Hund, zum anderen üben sie sich im Ruhigbleiben. Das Warten fällt viel schwerer, wenn man zuschauen muss, wie ein anderer Hund voller Elan nach einer Beute rennen darf.

TIPP Apportiergegenstände können begehrte Beute sein und dadurch unter den Hunden zu Beutestreitigkeiten führen. Nicht unbeaufsichtigt herumliegen lassen oder der Gruppe als Spielzeug freigeben!

Einfaches Apportieren

Alle HF stehen mit ihren Hunden in einer Reihe nebeneinander. Der Reihe nach geht jeweils ein HF etwa 5 m nach vorne, lässt seinen Hund erneut absitzen und wirft den Apportiergegenstand nach vorne. Der Hund soll erst auf Aufforderung zum Gegenstand rennen und ihn zum HF zurückbringen. Nachdem sich der HF wieder an seinen alten Platz begeben hat, ist der Nächste an der Reihe. Ein stereotypischer Übungsablauf ist zu vermeiden. Verändert werden kann zum einen die Entfernung, zum anderen kann der Apportiergegenstand auch in höheres Gras oder dichteren Bewuchs geworfen werden. Statt des HF sollte der ÜL ab und zu das Apportel auswerfen.

Apportieren

▬ Eine nicht ganz einfache Übung für Hunde, die schon gut im Gehorsam stehen. Streitereien um die Beute sind gefährlich!

Apportieren um ein Hindernis

Aufstellung wie oben, der HF wirft den Apportiergegenstand vor den Augen des Hundes hinter ein Hindernis. Der Hund apportiert wieder erst nach Aufforderung. Das Hindernis muss dabei nicht überwunden werden, sondern kann umlaufen werden.

Apportieren entlang der Reihe

Aufstellung wie oben. Ein HF stellt sich an den Anfang der Reihe in etwa 2 bis 3 m Entfernung mit Blickrichtung zum Ende der Reihe. Der HF wirft den Apportiergegenstand an der Reihe entlang. Der Hund soll wiederum erst nach Aufforderung zum Gegenstand rennen und ihn an der Reihe vorbei apportieren, ohne sich von den anderen Hunden ablenken zu lassen.

Apportieren mit Bleiben

Die Hunde werden in einer Reihe nebeneinander abgesetzt. Die HF stellen sich in etwa 10 m Entfernung ihren Hunden gegenüber auf. Der erste HF wirft den Apportiergegenstand etwa 5 m weit vor seinen

Hund. Dieser soll so lange sitzen bleiben, bis er mit einem Kommando zu seinem HF gerufen wird. Beim Herkommen soll er den Gegenstand aufnehmen und seinem HF bringen. Die anderen Hunde bleiben in dieser Zeit ruhig auf ihrem Platz sitzen.

Bleiben und Zuschauen

Die Hunde werden in einer Reihe nebeneinander abgesetzt, die HF stehen etwa 2 bis 3 m hinter ihrem Hund. Der erste HF wirft den Apportiergegenstand über den Hund hinweg oder knapp am Hund vorbei. Anschließend holt er den Apportiergegenstand selbst wieder. Die Hunde sollen währenddessen sitzen bleiben.

Apportieren über Kopf

Aufstellung wie vorher. Der HF wirft den Apportiergegenstand wieder über den Hund hinweg oder am Hund vorbei nach vorne. Dann geht er zu seinem Hund und schickt ihn zum Apportieren. Dabei muss sich der Hund beim Starten umdrehen.

Apportieren in der „line"

Alle HF und Hunde bilden eine Linie und gehen auf ein Startzeichen des ÜL in gerader Richtung gleichzeitig nach vorne. Der ÜL steht an einer Seitenlinie etwa 20 m vor den Teams und geht im gleichen Abstand mit der Gruppe nach vorne. Er nimmt so viele Apportiergegenstände mit wie Hunde in der Reihe sind.

Auf Zuruf des ÜL stoppt die Reihe und die Hunde setzen sich. Der ÜL macht auf sich aufmerksam, wirft den Apportiergegenstand quer vor die Hunde und ruft einen der Hunde zum Apportieren auf. Hat dieser den Gegenstand zum HF zurückgebracht und ihm abgegeben, setzt sich die Reihe wieder in Bewegung.

Leichter ist, wenn die Hunde der Reihe nach aufgerufen werden, schwieriger wird es, wenn der ÜL sie durcheinander in beliebiger Reihenfolge zum Apportieren ruft.

Unruhige Hunde bleiben bei dieser Übung angeleint, gut im Gehorsam stehende Hunde dagegen arbeiten ohne Leine.

> **TIPP** Manche Hunde können sich nicht entscheiden, ob sie das Apportel dem Werfer oder ihrem HF zurückbringen sollen. Dies ist nicht ungewöhnlich. Der Werfer ignoriert dann den herankommenden Hund, indem er sich abwendet. Der HF macht erneut auf sich aufmerksam und ruft den Hund zu sich her.

Apportieren

Apportieren in der Gasse

Alle Hunde werden in einer geraden Reihe abgelegt, die HF stellen sich in etwa 20 m Entfernung ihren Hunden gegenüber auf. Der erste HF geht zu seinem Hund und stellt sich mit ihm am Anfang der Gasse auf. Er wirft den Apportiergegenstand auf der gedachten Mittellinie der Gasse an den Hunden vorbei und schickt seinen Hund zum Apportieren. Anschließend nehmen beide ihre alten Plätze wieder ein.

„Ich trage alles nach Hause."

Apportieren mit mehreren Gegenständen

Alle Hunde werden in einer Reihe abgelegt. Die HF gehen gleichzeitig etwa 10 m nach vorne vom Hund weg und legen jeweils einen Apportiergegenstand auf den Boden. Anschließend gehen sie zurück zum Hund. Nacheinander wird jeder Hund einzeln ins Sitz gebracht und zum Apportieren geschickt. Welchen der ausgelegten Apportiergegenstände er bringt, ist nicht entscheidend. Die anderen Hunde bleiben währenddessen im Platz.

Diese Aufgabe lässt sich auch als Apportierspiel gestalten. Alle Hunde sitzen angeleint neben ihren HF in einer Reihe. Etwa 20 m vor den Hunden werden verschiedene Gegenstände zusammen auf eine Stelle geworfen, zum Beispiel Bälle, Stofftiere, Quietschtiere, alte Handschuhe oder Socken. Nun muss jeder HF vorhersagen, welchen Gegenstand sein Hund wohl bringen wird. Nacheinander werden die Hunde zum Apportieren geschickt, wobei jeder gebrachte Gegenstand wieder zurückgelegt wird, bevor der nächste Hund an der Reihe ist.

Einzelübungen

Interessantere Apportierübungen lassen sich aus technischen Gründen häufig nicht in der Großgruppe, sondern nur als Einzelübung durchführen. Dies bedeutet eine längere Wartezeit für die Gruppe. Die wartenden Hunde sollten an der Leine bleiben, damit sie nicht unkontrolliert einspringen und den arbeitenden Hund stören oder mit ihm um den Apportiergegenstand streiten.

Apportieren

Apportieren aus dem Wasser

Am Ufer eines Baches oder eines Sees sucht sich der HF eine Stelle, die dem Hund einen leichten Einstieg ermöglicht. Die Strömung darf an dieser Stelle nicht zu stark sein. Der Hund sitzt in Grundstellung neben seinem HF, der das Apportel ins Wasser wirft. Auf ein Zeichen des HF geht der Hund nach vorne, nimmt das Wasser an und schwimmt zum Apportiergegenstand. Im Idealfall nimmt er ihn ohne ein weiteres Kommando auf und bringt ihn in die Hand seines HF zurück.

Für unsichere Schwimmer wird das Apportel nur in flaches Wasser geworfen. Der Hund erreicht den Gegenstand dann auch, indem er durch das Wasser watet.

> Apportiergegenstände müssen gut sichtbar an der Wasseroberfläche schwimmen, damit der Hund sie aufnehmen kann.

> Beim ersten Mal den Apportiergegenstand an eine lange Leine binden oder an hohe Gummistiefel oder Badezeug denken für den Fall, dass der Hund nicht apportiert!

Apportieren über große Entfernungen

Apportieren über große Distanzen motiviert viele Hunde immer wieder neu und bringt Tempo in die Übungen. Da der Hund hier nicht mehr im Kontrollbereich seines HF arbeitet, ist das sichere Apportie-

Apportieren

ren für diese Übung Voraussetzung. Ein HF bringt seinen Hund an einem genau bezeichneten Punkt im Gelände in Grundstellung (frei bei Fuß). Eine Hilfsperson steht in etwa 80 bis 100 m Entfernung und wirft von dort aus den Apportiergegenstand für den Hund sichtbar aus. Dabei sollte der Hund während des Werfens durch geeignete Lautäußerungen aufmerksam gemacht werden. Auf ein Zeichen des ÜL schickt der HF seinen Hund zum Apportieren.

Ist dem Hund anzumerken, dass er das Fallen des Gegenstands nicht mitbekommen hat, muss der Werfer den Gegenstand nochmals deutlich sichtbar hochwerfen. Der Hund sollte sich die Stelle gemerkt haben, an der der Apportiergegenstand gefallen ist und sich ihr in schnellem Tempo und in gerader Linie nähern. Nach dem Aufnehmen sollte er den Gegenstand so schnell wie möglich dem HF zurückbringen.

Verlorensuche nach mehreren Gegenständen

Mehrere Apportiergegenstände werden auf einer markierten Fläche von etwa 20 mal 20 m ausgeworfen. Das Suchengelände darf vom Werfer möglichst nicht betreten werden, weil die Hunde sonst seiner Fußspur nachgehen und fährten.

Der Werfer sollte sich die Fallstellen gut merken. Das Gelände soll so beschaffen sein, dass die Gegenstände für den Hund nicht schon von weitem zu sehen sind. Geeignet für weniger geübte Hunde wären zum Beispiel eine Wiese mit höherem Gras, ein lichter Waldrand oder eine Wiese mit Heu- oder Strohballen. Die Größe des gewählten Geländes ist von der Schwierigkeit des Bewuchses abhängig. In einem Brombeergestrüpp verbraucht ein Hund bei der Suche viel Kraft und kann deshalb nicht so lange durchhalten. Bei einem solchen Bewuchs darf das Gelände nicht zu groß sein. Später kann auch ein größeres Gelände mit schwierigerem Bewuchs gewählt werden.

Die Hunde werden einzeln von der Grundlinie aus zum Suchen in das Gelände geschickt, nachdem sie durch aufmunternde Hörzeichen aufmerksam gemacht wurden. Hat der Hund einen Gegenstand gefunden und korrekt abgeliefert, wird er ausgiebig gelobt und mit einem erneuten Suchbefehl wieder in das Gelände geschickt.

Unerfahrenen und eher unselbstständigen Hunden fällt es oftmals schwer, sich vom HF zu lösen und genügend weit in die Tiefe des Suchgeländes vorzudringen. Begreift der Hund nicht gleich, was er tun soll, so geht der HF mit ihm zusammen ins Suchgelände und „sucht" selbst mit, bis er oder sein Hund mit großen Freudenäußerungen einen Gegenstand gefunden hat. Hat der Hund diesen aufgenom-

Apportieren

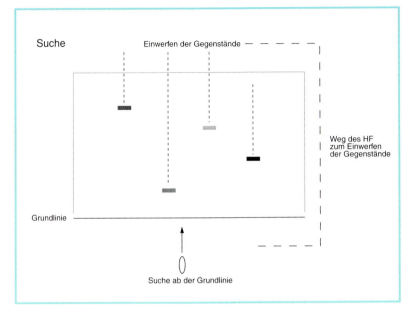

Die Gegenstände liegen gleichmäßig verteilt – nicht nur im vorderen Bereich des Suchgeländes.

men, rennt der HF mit ihm zurück zur Grundlinie, wo der Hund den Gegenstand dann korrekt in die Hand des HF abgeben soll. Benötigen aber mehrere Hunde hintereinander die Hilfe ihres HF, das heißt, dass er mit ihnen ins Suchengebiet gehen muss, sollte für den nächsten Hund das Gelände gewechselt werden. Dieser würde sonst durch die vielen Fußspuren verwirrt und abgelenkt.

Bei der Verlorensuche spielt die Windrichtung eine große Rolle. Anfänger finden die ausgelegten Gegenstände leichter, wenn sie gegen den Wind suchen. Fortgeschrittene Hunde können mit Seiten- oder Nackenwind suchen.

▶ **Und wenn es nicht klappt:** Apportieren schrittweise aufbauen, notfalls eine Stufe zurückgehen. Zunächst nochmals zuverlässiges Herkommen auch unter Ablenkung festigen. Beutegierige Wegrenner unter den Hunden an der langen Leine apportieren lassen. Am Apportieren wenig interessierte Hunde über Reizangelspiele motivieren (siehe Kapitel 4).

Kombinierte Übungen

Rechte Seite: „Was sich unser ÜL für heute wohl ausgedacht hat? Gemeinsam schaffen wir das schon!"

Ausgangssituation: Einer unserer HF kam aus dem Urlaub zurück und erzählte, wie oft er Schwierigkeiten gehabt hatte, mit seinem Hund klarzukommen in Situationen, die für beide neu und unerwartet waren. So gab es Probleme in der Bergbahn, im Bus, beim Stadtbummel, am Strand und beim leider notwendig gewordenen Tierarztbesuch. Andere Kursteilnehmer berichteten von ähnlichen Erfahrungen. Offensichtlich waren nicht alle HF in der Lage, die Fähigkeiten ihres Hundes richtig einzuschätzen und die erlernten Gehorsamsübungen auf Alltagssituationen zu übertragen, besonders unter starken Ablenkungen und ohne die Unterstützung eines Kursleiters. Da es naturgemäß nicht möglich ist, für sämtliche Eventualitäten des Lebens vor Ort zu üben, stellten wir einige dieser beschriebenen Situationen nach und kombinierten darüber hinaus verschiedene Einzelübungen zu sinnvollen und komplexeren Aufgaben. Diese sollten möglichst praxisnah sein und erhöhte Anforderungen an Ausdauer und Flexibilität von Hundeführern und Hunden stellen.

Was wollen wir mit diesen Übungen erreichen? Wir wollen Einzelschritte und isolierte Teilschritte in sinnvollen und logischen Zusammenhang bringen. HF und Hunde üben sich darin, flexibel auf ungewohnte Zusammenstellungen zu reagieren und bereits gefestigtes Basiskönnen in unerwarteten Situationen anzuwenden. Außerhalb des Übungsplatzes ist kein Kursleiter da, der dem HF sagen kann, was in einer bestimmten Situation zu tun ist. Der HF muss dann selbst entscheiden und zu einer Lösung finden. In vielen Variationen der kombinierten Übungen wird die Eigenverantwortlichkeit des HF verlangt. Er muss dazu den Ausbildungsstand und die Tagesform seines Hundes einschätzen können, damit er ihm entsprechende Aufgaben und Hilfestellungen zuordnen kann.

Rollenspiele

Zur Auflockerung bauen wir in unsere Übungsstunden immer wieder ein Rollenspiel ein. Wir stellen Situationen nach, die den Hunden im Alltag begegnen können. Mehrstufige Rollenspiele mit verschiedenen Stationen benötigen gezielte Informationen der HF.

Kombinierte Übungen

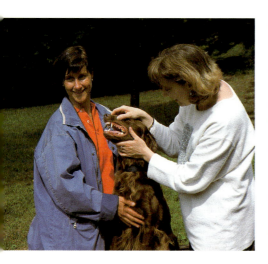

Wie viele Zähne hat ein Hund? Zähne zeigen muss sein – genauso wie der sachgerechte und behutsame Umgang mit den Hundelefzen.

Besuch beim Tierarzt

Auf dem Gelände werden verschiedene Stationen markiert. Auf unserer Übungswiese ist der Zugang zur hinteren Weide mit einem Weidetor gesichert, hier ist unsere „Tierarztpraxis". Die Hunde kommen einzeln durch das Tor, an lockerer Leine und ohne zu ziehen. Direkt im Anschluss steht eine Bank, hinter der sich der Platz der „Tierarzthelferin" (ein HF) befindet. Vor der Bank macht der Hund Sitz, während der HF sich mit der Helferin über die Krankheit seines Hundes unterhält. Danach schickt ihn die Helferin weiter in unser „Wartezimmer", in dem ein paar Baumstämme die Sitzgelegenheiten bilden. Hier wartet der HF, seinen Hund sollte er ablegen. Die nächsten Hunde kommen nach und nach ebenso ins „Wartezimmer", wobei darauf geachtet werden sollte, dass die Hunde nicht miteinander spielen. Jetzt beginnt die „Sprechstunde". Der „Tierarzt" (ÜL) ruft den ersten Hund in das „Sprechzimmer", in dem bei uns ein alter Campingtisch steht, der allerdings standfest sein muss. Während sich der Tierarzt mit dem HF unterhält, soll der Hund wieder an lockerer Leine neben ihm sitzen. Nun beginnt der Tierarzt mit der Untersuchung von Zähnen, Augen und Ohren. Wenn es möglich ist, wird der Hund dazu auf den Tisch gehoben. Es ist wichtig, dass die Untersuchung nur dann durchgeführt wird, wenn der Hund keine Angst mehr auf dem Tisch hat. Sehr unsichere, ängstliche Hunde werden nur so lange gestreichelt, bis sie sich beruhigt haben. Der Hund soll auf dem Tisch verharren, bis ihn der HF wieder herunterhebt. Anschließend verabschiedet sich der HF vom Tierarzt und geht mit seinem Hund durch das Wartezimmer an den anderen Hunden vorbei nach draußen. Am Empfang fällt ihm ein, dass er etwas im Sprechzimmer vergessen hat. Er legt seinen Hund ab und eilt schnellen Schrittes zurück. Wenn er danach seinen Hund abholt, darf dieser erst aufstehen, wenn er ihm das entsprechende Kommando gegeben hat. Währenddessen ruft der Tierarzt den nächsten Hund ins Sprechzimmer. Die anderen Hunde der Gruppe rücken entsprechend auf, so dass sich immer drei bis fünf Hunde im Wartezimmer befinden.

S-Bahn

Auf dem Übungsgelände werden verschiedene Stationen markiert: Fahrkartenautomat / -schalter, Bahnsteig (hier sitzen mehrere Ablenkungspersonen mit und ohne Hund), Haltepunkt der S-Bahn (dargestellt durch eine etwas erhöhte Holzpalette oder Ähnliches). Der erste HF geht mit seinem angeleinten Hund in normalem Tempo zum „Fahrkartenautomaten", lässt seinen Hund sitzen oder legt ihn ab und „löst eine Fahrkarte". Danach geht er mit seinem Hund weiter den Bahnsteig entlang und trifft dort einen „Bahnbediensteten", den er nach der Abfahrtszeit des Zuges fragt. Während der Bahnbedienstete sehr gestenreich erklärt, soll der Hund ruhig an lockerer Leine neben seinem HF sitzen. Beim Blick auf die Uhr bemerkt der HF, dass er sich beeilen muss und rennt mit seinem Hund im Laufschritt den Bahnsteig entlang. Da die „S-Bahn" demnächst eintreffen wird, stehen auch die Ablenkungspersonen plötzlich auf und bewegen sich in Richtung der „Bahn". Der Hund soll trotzdem an lockerer Leine neben seinem HF bleiben. Die Übung endet damit, dass HF und Hund das Podest (das heißt, die S-Bahn-Station) betreten. Der Hund soll sich darauf setzen oder legen.

Einkaufsbummel

Auf dem Übungsgelände werden in größeren Abständen verschiedene Stationen markiert, Bäckerei (mit echter Brötchentüte), Metzgerei (mit richtiger, duftender Wursttüte), Marktbude mit klappernden Töpfen, Jongleur in der Fußgängerzone (mit Bällen jonglierend), spielende oder essende Kinder und so weiter. Vor der „Bäckerei" wird der erste Hund abgelegt, der HF „betritt" die Bäckerei, das heißt, er entfernt sich ein Stück von seinem Hund. Währenddessen geht eine Person ohne Hund, danach ein anderer HF mit seinem Hund in angemessenem Abstand am abgelegten Hund vorbei. Der HF kommt mit einer duftenden Brötchentüte zurück, lässt seinen Hund bei Fuß gehen und bummelt weiter. Er geht an der „Metzgerei" vorbei, bei der auf einem umgedrehten Eimer ein Stück appetitliche Wurst liegt. Der Hund sollte unbeeindruckt weitergehen. Auf seinem Weg durch die Stationen begegnet das Team spielenden oder essenden Kindern oder schaut in der Fußgängerzone einem Jongleur zu. Außerdem trifft der HF einen Bekannten, mit dem er sich länger unterhält. Dabei soll der Hund abgelegt werden und warten, bis der HF weitergeht.

> **Und wenn es nicht klappt:** Übung nicht zu schwierig gestalten, weniger Inhalt einbauen, Buchvorschläge auf Gruppe abstimmen und reduzieren. Konzentration und Gedächtnis der Hundeführer nicht zu sehr strapazieren, Gedächtnisstützen geben. Notfalls kleine Kärtchen mit Anweisungen austeilen.

Die „Line" (engl.: Linie)

Die Teams stellen sich in einer Linie nebeneinander auf gleicher Höhe auf. Die Hunde sind nicht angeleint und gehen frei bei Fuß. Auf ein Zeichen des ÜL gehen alle Teams gleichzeitig nach vorne. Auf Zuruf des ÜL macht ein Hund nach dem anderen Sitz, während die anderen weiter gerade nach vorne gehen. Der HF geht mit den anderen Teams weiter. Das Absitzen muss schnell erfolgen. Nachdem der letzte Hund sitzt, gehen alle HF noch ein paar Meter weiter in Laufrichtung weg von den Hunden und drehen sich dann zu den Hunden um. Sie stehen nun in gerader Reihe ihren Hunden gegenüber.

Nun ruft ein HF seinen Hund zu sich, nachdem er ihn mit seinem Namen aufmerksam gemacht hat. Er lässt seinen Hund neben sich sitzen oder leint ihn an. Alle anderen Hund müssen ruhig auf ihrem Platz sitzen bleiben. Der nächste HF darf erst abrufen, wenn der vorherige Hund sicher bei seinem HF sitzt.

Einfacher ist die Übung, wenn die Hunde von vorne nach hinten abgerufen werden, der zuletzt abgesetzte Hund wird zuerst gerufen, der zuerst abgesetzte Hund ist als Letzter an der Reihe. Schwieriger ist es, wenn der erste Hund an allen anderen vorbei abgerufen werden muss, weil die Gefahr besteht, dass alle anderen Hunde mit nach vorne rennen.

▶ **Und wenn es nicht klappt:** Die Schwierigkeit dieser Übung wird oft unterschätzt. Nicht gleich in der Großgruppe durchführen, sondern in kleiner Gruppe üben. Nur mit Hunden ausführen, die auch unter Ablenkung zuverlässig sitzen bleiben.

Stationen

Eine ganz andere Art der Aufgabenstellung zeigen wir mit den folgenden Übungen. Viele HF haben sich zu sehr an gesprochene Anweisungen gewöhnt und verlassen sich darauf, vom ÜL ständig Hilfestellung zu bekommen und sich nur kurze Übungssequenzen merken zu müssen. Mit den Stationen erreichen wir ein erhöhtes Maß an Gedächtnistraining nicht nur bei den Hunden, sondern vor allem bei den HF. Bei all diesen Aufgaben werden die Anweisungen in großer, deutlicher Schrift auf Kärtchen geschrieben. Dies erfordert viel Vorbereitung, doch lohnt sich die Mühe. Die Kärtchen lassen sich für mehrere der beschriebenen Übungen verwenden.

TIPP Stationen sind ideale Übungen für halskranke und stimmgeschädigte ÜL. Die Anweisungen werden schriftlich gegeben!

Kombinierte Übungen

Pfosten mit einfachen Anweisungen

Auf der Übungswiese werden in großen Abständen mehrere durchnummerierte Pfosten gesteckt. An jedem Pfosten hängt ein Zettel mit einer Aufgabe (in Folie eingeschweißt sind die Zettel mehrfach verwendbar). Einzeln nacheinander gehen die HF mit ihren Hunden an der Leine oder frei bei Fuß auf die Strecke. An jedem Pfosten wird der Hund abgesetzt, der HF liest die Anweisung durch und führt sie aus.

> **TIPP** Kärtchen mit Anweisungen in Folie einschweißen, damit sie auch nach einem Regenschauer nochmals verwendbar sind.

Anweisungen können beispielsweise sein:
- Gehen Sie mit Ihrem Hund im Laufschritt bis zum nächsten Pfosten!
- Lassen Sie Ihren Hund am Pfosten sitzen, gehen Sie zum nächsten Pfosten und rufen Sie von dort aus Ihren Hund zu sich!
- Gehen Sie mit Ihrem Hund in langsamem Schritt zum nächsten Pfosten und lassen Sie Ihren Hund auf dem Weg dorthin einmal sitzen!
- Gehen Sie einmal in engem Kreis im Uhrzeigersinn um den Pfosten herum und gehen Sie dann in normalem Schritt zum nächsten Pfosten. Umkreisen Sie diesen entgegen dem Uhrzeigersinn und lassen Sie Ihren Hund danach sitzen!
- Legen Sie Ihren Hund am Pfosten ab, gehen sie ohne den Hund weiter zum nächsten Pfosten, zählen Sie dort auf 10 und holen Sie dann Ihren Hund wieder ab!

Damit die Gruppe nicht zu lange warten muss, kann das zweite Team bereits losgehen, wenn das erste beim zweiten oder dritten Pfosten arbeitet.

Joker-Spiel

Etwa 10 Eimer (wir verwenden ganz normale 10-l-Haushaltseimer) werden auf dem Gelände verteilt. In jeden Eimer legt der ÜL ein Blatt Papier mit einer Anweisung (bei Regenwetter am besten in einer Folie, so können die Blätter mehrfach verwendet werden). Ein Eimer enthält den sogenannten Joker. Im Eimer liegt keine Anweisung, sondern verschiedene süße Belohnungen für die HF, die sich hier bedienen dürfen. Ein Hinweis ("Bitte greifen Sie zu!") erklärt den Inhalt des Eimers. Die HF bekommen die Aufgabe, mit ihrem Hund drei Eimer ihrer Wahl anzulaufen. Am Ei-

> Joker-Spiel nur für kleinere Gruppe planen, zu lange Wartezeiten schaffen unaufmerksame Kursteilnehmer.

Beide erfüllen ihre Aufgabe perfekt! Die HF wirft die Bälle in den Korb, während ihr Hund ruhig liegen bleibt.

mer muss der Hund abgesetzt werden, damit der HF die Anweisung in Ruhe lesen kann. Danach führt das Team die Aufgabe aus und geht danach zum nächsten Eimer seiner Wahl. Die Teams gehen einzeln auf die Strecke. Die wartenden HF bekommen die Aufgabe, genau zuzuschauen und zu raten, welche Anweisung auf dem Zettel gestanden hat. Wer sich alles gut merken kann, weiß mit der Zeit, welche Aufgabe zu welchem Eimer gehört. Daher sollten bei großen Gruppen ab und zu die Zettel getauscht werden. Es empfiehlt sich sowieso, diese Übung nur mit einer kleineren Gruppe durchzuführen, weil die Wartezeit für die nicht arbeitenden Teams relativ lang ist.

Aufgaben können sein:
- Legen Sie Ihren Hund am Eimer ab, gehen Sie zur Gruppe der wartenden HF, begrüßen Sie diese und gehen Sie dann zurück zu Ihrem Hund!
- Legen Sie Ihren Hund am Eimer ab, gehen Sie zur Gruppe der wartenden HF, holen Sie sich einen HF mit Hund und gehen Sie mit

diesem Team um die Eimer und mehrmals in selbstgewähltem Abstand an Ihrem Hund vorbei. Bringen Sie Ihren Begleiter danach zurück zur Gruppe, bedanken Sie sich und verabschieden Sie sich von ihm.
- Lassen Sie Ihren Hund am Eimer sitzen, gehen Sie zum nächsten Eimer und rufen Sie von dort aus Ihren Hund zu sich!
- Gehen Sie mit Ihrem Hund mehrmals in Form einer Acht um die vor Ihnen ausgelegten Futterbrocken.
- Legen Sie Ihren Hund am Eimer ab. Vor Ihnen liegen Tennisbälle. Werfen Sie drei davon in den Korb, der sich 4 m vor Ihnen befindet. Gut gezielt ist halb getroffen! Holen Sie dann bitte die Bälle wieder zurück. Ihr Hund liegt (hoffentlich!) die ganze Zeit über auf seinem Platz.
- Vor Ihnen liegen mehrere Apportiergegenstände. Wählen Sie einen davon aus. Ihr Hund trägt diesen Gegenstand bis zum nächsten Eimer. Dort gibt er ihn ohne Probleme an Sie aus und Sie tragen den Gegenstand zurück zum Ausgangspunkt. Dabei geht der Hund Fuß.
- Bitte bedienen Sie sich aus dem Joker-Eimer! Ihr Hund schaut Ihnen dabei zu!

Weitere Aufgaben kann der ÜL nach eigenem Ermessen in Abhängigkeit vom Ausbildungsstand seiner Gruppe zusammenstellen (wie Tempowechsel, Ablenkungen oder Ähnliches). Anregungen dazu siehe auch bei „Pfosten mit einfachen Anweisungen", Seite 99.

Laufskizzen

Der ÜL erstellt mehrere Skizzen in Postkartengröße, am besten auf Tonpapier oder Karton. Auf jedem Kärtchen ist ein Laufschema aufgezeichnet (Beispiele dazu siehe Zeichnungen rechts). Die Kärtchen werden ausgelost. Ohne weitere Erklärungen hat der HF den aufgezeichneten Weg mit seinem Hund nachzuvollziehen. Als Hilfestellung kann das Kärtchen mitgenommen werden, HF mit gutem Gedächtnis schaffen dies jedoch auch ohne Denkstütze. Es sollten nicht mehr als zwei Teams gleichzeitig auf die Strecke gehen, damit der ÜL die Übersicht behält und hinterher Fehler korrigieren kann.

Laufskizzen, wie sie diese Beispiele zeigen, dürfen für den Anfang nicht zu schwierig sein.

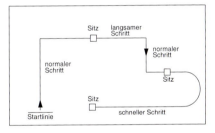

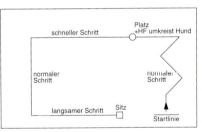

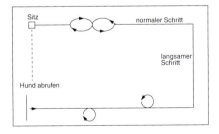

Kürprogramme

Um die Eigenverantwortlichkeit der HF weiter zu schulen, bekommen die HF vom ÜL die Aufgabe, selbst ein Kürprogramm zu erstellen. Dazu stellt der ÜL mehrere Eimer oder Pfosten auf der Wiese auf. Die HF stellen sich ihre Strecke selbst zusammen. Sie müssen aber in gerader Linie von einem Eimer oder Pfosten zum nächsten gehen und dabei bestimmte Vorgaben einhalten.
Beispiele:
- Auf der Strecke müssen an beliebiger Stelle ein Tempowechsel, eine Sitzübung und drei Wendungen eingebaut werden.
- Auf der Strecke müssen einmal Herrufen, zwei Tempowechsel und eine Platzübung gezeigt werden.
- Auf der Strecke soll zusätzlich ein Apportiergegenstand von einem Eimer zum nächsten getragen und dort wieder abgelegt werden.

Eine schwierigere Variante, bei welcher der Weg ohne Hilfe durch feste Zielpunkte frei wählbar ist, kann mit fortgeschritteneren Teams durchgeführt werden. Hierbei sollen die HF, je nach Ausbildungsstand, bereits erlernte Kommandos (Sitz, Hier, Platz, Bleib, Wendungen usw.) zu einer 2-Minuten-Kür zusammenstellen und mit ihrem Hund vorführen. Diese Aufgabe kann entweder als Hausaufgabe für die nächste Übungsstunde gegeben werden oder sie wird zu Beginn einer Kursstunde gestellt.

> **TIPP**
> Hausaufgaben sorgen auch bei anderen Übungen dafür, dass zwischen den Kursstunden geübt wird.

▶ **Und wenn es nicht klappt:** Anweisungen einfacher und verständlicher formulieren, Aufgabenstellungen auf den Leistungsstand der Hunde hin überprüfen. Damit rechnen, dass unter den Kursteilnehmern tatsächlich ein echter Analphabet sein kann, der bei solchen Aufgaben recht hilflos reagieren wird.

Bleiben

Klappt das Bleiben des Hundes auf einem ihm zugewiesenen Platz ohne Ablenkung recht gut, kann zu schwierigeren Aufgabenstellungen übergegangen werden.

Bleiben und Abrufen

Die Übung wird paarweise durchgeführt. Zwei HF gehen nebeneinander mit ihren Hunden frei bei Fuß zu einer markierten Linie. Der rechte HF legt seinen Hund ins Platz ab und entfernt sich einige Meter zur Seite. Gleichzeitig bringt der linke HF seinen Hund ins Sitz und geht in gerader Linie etwa 20 m nach vorne weg von seinem Hund. Nun ruft er seinen Hund zu sich. Der rechte Hund muss dabei liegen bleiben. Der linke HF bringt seinen Hund wieder zurück zur Markierungslinie, legt ihn dort ab und entfernt sich einige Schritte zur Seite. Währenddessen bringt der rechte HF seinen Hund ins Sitz, entfernt sich 20 m nach vorne und ruft seinen Hund zu sich. Danach ist das nächste Paar an der Reihe.

> **TIPP**
> Hund mit dem Kopf in die Richtung ablegen, in die der HF weggeht. Er wird sich sonst umdrehen und dabei evtl. aufstehen, wenn er seinem HF nachschauen möchte.

Bleiben und außer Sicht gehen

Alle Hunde der Gruppe werden in angemessenem Abstand voneinander, aber dennoch so nah wie möglich, gleichzeitig ins Platz gelegt. Die HF entfernen sich gleichzeitig in zügigem Schritt in geschlossener Formation vom Platz und gehen weit weg außer Sicht der Hunde, beispielsweise hinter das Vereinsheim. Der ÜL überwacht die abgelegten Hunde. Nach einiger Zeit kommt die Gruppe der HF wieder, geht zügig zu den Hunden, wartet noch kurz und „erlöst" sie dann auf ein Zeichen des ÜL.

Bleiben unter erschwerten Bedingungen

Jeweils ein Hund wird an einem markierten Punkt auf dem Übungsgelände ins Platz gelegt, der HF entfernt sich etwa 30 m weit und verharrt dort an einer ebenfalls zuvor markierten Stelle. Nun betritt eine Ablenkungsgruppe die Wiese, bestehend aus mehreren Personen mit einem oder mehreren Hunden, und geht auf den HF zu.

Die Gruppe sollte dabei am abgelegten Hund vorbeikommen, der gewählte Abstand richtet sich nach dem Ausbildungsstand der Hunde. Beim HF angekommen, begrüßen sich die Teilnehmer. Die Begrüßung kann, wieder je nach Ausbildungsstand der Hunde, ruhig und gemessen ausfallen oder sehr lebhaft mit Umarmungen und lautem Hallo. Anschließend geht der HF mit der Ablenkungsgruppe ein Stück „spazieren", eventuell auch außer Sicht des Hundes. Auf Anweisung des ÜL kehrt er nach einiger Zeit (1 bis 2 Min.) zurück und holt ihn wieder ab. Danach ist das nächste Team an der Reihe.

> **TIPP**
> Der Hund in der Ablenkungsgruppe darf kein Raufer sein oder eindeutig aggressive Signale aussenden.

Kombinierte Übungen

Bleiben auf dem Tisch; eine schwierige Übung!

Aufmerksam verfolgt der Border Collie die Gehorsamsübung seines Kollegen.

Diese Aufgabe kann noch weiter abgewandelt werden. Ein oder zwei Hunde werden an einem vom ÜL angewiesenen Punkt mit etwas Abstand abgelegt. Die HF entfernen sich von ihren Hunden und begeben sich, je nach Ausbildungsstand der Hunde, zur Übungsgruppe und bewegen sich darin oder sie gehen ganz außer Sicht. Nun bestimmt der ÜL ein weiteres Team, das in geringem Abstand zu den abgelegten Hunden eine Gehorsamsübung absolviert. Bei Anfängerhunden sollte dies eine eher ruhig verlaufende Aufgabe sein, fortgeschrittene Hunde können durchaus auch bei einer Apportier- oder Abrufübung „zusehen".

▶ **Und wenn es nicht klappt:** Schwierigkeitsgrad dieser Übungen nicht unterschätzen. Notfalls einfacher gestalten. Ablenkungen geringer dosieren, sich nicht zu weit entfernen. Mit Hilfsperson arbeiten, das heißt, der Hund wird mit längerer Leine abgelegt, Hilfsperson stellt sich auf das Leinenende, ohne mit dem Hund zu reden oder ihm weitere Anweisungen zu geben, er soll weiterhin auf die Kommandos seines HF konzentriert sein.

Kombinierte Übungen

Stoppen auf Entfernung

Diese Aufgaben sind gut dazu geeignet, die Lenkbarkeit des Hundes auf Entfernung zu trainieren. Der Hund gewöhnt sich daran, Kommandos auch in einiger Entfernung von seinem HF auszuführen und auf dessen Signale zu achten.

Stoppübungen können entweder aus der Abruf-Bewegung zum HF hin oder aus dem Voranschicken vom HF weg entwickelt werden. Allerdings dürfen diese Übungen unserer Erfahrung nach nicht zu oft gemacht werden, weil die Hunde sonst beim Abrufen immer langsamer und weniger freudig zu ihrem HF kommen. Das Stoppzeichen sollte zwar deutlich gegeben werden und durchaus konsequent eingefordert werden, doch darf bei empfindlichen Hunden nicht zu massiv eingewirkt werden.

Stoppen auf einem Podest

Benötigt wird dazu ein niedriges, der Größe des Hundes entsprechendes Podest (Ladepalette, Holzbrett auf vier Ziegelsteinen oder Ähnliches). Ein HF geht mit seinem angeleinten Hund in gerader Linie zum Podest und animiert ihn (eventuell mit Futterbelohnung), das Podest zu betreten. Dort lässt er ihn sitzen. Der HF entfernt sich dann in gerader Linie weg vom Hund, dreht sich um und ruft ihn zu sich. Sofort anschließend geht der HF wieder an den Ausgangspunkt zurück. Hier lässt er seinen Hund wieder sitzen, geht dann ohne Hund in gerader Linie über das Podest zum Abrufpunkt. Für ungeübte Hunde kann es hilfreich sein, wenn der HF auf dem Podest kurz verharrt oder sogar, für den Hund deutlich sichtbar, eine Futterbelohnung ablegt. Am Abrufpunkt dreht er sich zu seinem Hund um und ruft ihn zu sich. Hat der Hund das Podest erreicht, stoppt der HF ihn mit einem deutlichen Kommando. Der Hund sollte sitzen oder Platz machen. Danach geht der HF zu seinem Hund zurück und holt ihn ab. Nächster Hund genauso.

> **TIPP** Stoppübungen nicht zu oft durchführen!

→ Abwandlung: Anstelle des Podests kann der Hund auch in einem am Boden markierten Kreis gestoppt werden. Verwendet man dazu die Feldleine, kann der Kreis sehr groß gewählt werden, sofern die Leine in niedrigem Bewuchs gut sichtbar ist. Bei fortgeschrittenen Hunden wird der Kreis auf die Größe eines Hula-Hoop-Reifens verkleinert. In unseren Übungsgruppen stellte sich erstaunlicherweise heraus, dass manchen Hunden das „Betreten" des Hula-Hoop-Reifens Schwierigkeiten bereitete und zuvor gesondert geübt werden musste.

Stoppen an einer Linie

Alle Hunde (höchstens vier) sitzen in einer Reihe parallel mit Blickrichtung nach vorne. Die HF stellen sich ihren Hunden gegenüber auf, Entfernung etwa 20 bis 25 m. In der Mitte zwischen Hunden und HF wird mit der Feldleine eine Querlinie markiert. Damit diese Linie für die HF gut sichtbar ist, wird sie rechts und links durch Pfosten gekennzeichnet. Nacheinander werden die Hunde abgerufen und an der Linie gestoppt (Sitz oder Platz). Die HF gehen erst zu ihren Hunden, wenn der letzte Hund an der Querlinie gehalten hat.

Ziel-Stoppen

Zur Abwechslung können die Hunde auch in Höhe eines markanten Ziels, wie einem Baum, Futtereimer, Pfosten mit Flatterband, Hundespielzeug, großen Stofftier oder Ähnlichem gestoppt werden.

Stoppen bei einem anderen Hund

Diese Übung wird in Partnerarbeit durchgeführt. Der eine Hund wird abgelegt oder abgesetzt, der HF entfernt sich ein Stück von ihm. Der andere Hund wird von seinem HF etwa 10 m hinter diesem Hund ins Sitz gebracht. Der HF geht ohne Hund in gerader Linie am abgelegten Hund vorbei. Nach etwa 10 m dreht er sich um und ruft seinen Hund zu sich. Auf Höhe des wartenden Hundes stoppt er ihn ab. Dann gehen beide HF zu ihren Hunden. Danach Wechsel.

▶ **Und wenn es nicht klappt:** Hund einschätzen können und „Bremsweg" des Hundes einkalkulieren, Stoppzeichen je nach Reaktionsschnelligkeit des Hundes rechtzeitig geben. Dem Hund notfalls mit Handzeichen entgegenlaufen. Aber Achtung: Nicht zu bedrohlich einwirken! Wenn nötig, mit langer Leine und Helfer arbeiten.

Verzeichnisse

Literatur

HEINZ WEIDT / DINA BERLOWITZ: Spielend vom Welpen zum Hund Leitfaden für die Entwicklung des jungen Hundes. Natur Buch Verlag 1996.

GÜNTHER BLOCH: Der Wolf im Hundepelz. Hundeerziehung aus einer anderen Perspektive. Westkreuz Verlag 1997.

KATHARINA SCHLEGL-KOFLER: Retriever. Kosmos Hundebibliothek. Franckh-Kosmos Verlag 1994.

HEINZ GAIL: 1 x 1 der Hundeerziehung, Ratgeber für die erfolgreiche Erziehung vom Welpen bis zum Jährling. Kynos Verlag 1991.

GEREON TING: Kleine Retrieverschule. Die Grundausbildung des Retrievers bis zur Begleithundeprüfung. Romney's Verlag 1991.

URSULA BRUNS / LINDA TELLINGTON-JONES Die Tellington-Methode. So erzieht man sein Pferd. Müller Rüschlikon 9. Aufl. 1995.

ANGELA WEGMANN / WILFRIED HEINES: Such und hilf. Hunde retten Menschenleben. Kynos Verlag, 1989.

JOHN FISHER: Vom Strolch zum Freund. Das ABC für Problemhunde. Müller Rüschlikon 1995.

Bildquellen

Die meisten Fotos entstanden aus Kurssituationen heraus. Wir danken allen, die sich dafür zur Verfügung gestellt haben und damit einverstanden waren, dass sie oder ihr Hund auf einem Foto in diesem Buch abgedruckt erscheinen.

Kothe, D., Stuttgart: Titelfotos (2), Seite 2, 3, 4, 9, 11, 12, 15, 18, 19, 20, 23, 29, 31 (3), 35 (3), 43, 44, 45 (2), 47, 52 (2), 55, 56 (3), 59, 61, 65 (2), 67, 69, 71 (2), 73, 75, 79 (2), 82 (2), 83 unten, 84 unten, 87, 88, 95, 96, 100, 104 (2), 108.
Kuhn, R., Stuttgart: Seite 1, 15, 85.
Sinnecker, W.-D., Aalen: Abb. Seite 22, 26 (2), 36, 37, 48, 50, 83 oben, 84 oben.
Thumm, U., Kaisersbach: Seite 6, 72, 74, 76, 90, 91.

Die Zeichnungen fertigte Kerstin Ullrich, Schwäbisch Gmünd, nach Angaben der Verfasserinnen.

Die Autorinnen besitzen langjährige Erfahrung in der Haltung und Ausbildung von Hunden verschiedener Rassen.

Sie sind als Ausbilderinnen im Deutschen Retriever Club (DRC/VDH) tätig und leiten Kurse vom Junghundekurs bis zum Beschäftigungskurs nach der Prüfung.

Monika Schaal hat sich darüber hinaus auf die Arbeit mit Problemhunden verschiedener Rassen spezialisiert, mit denen sie in Kursen und Einzelstunden arbeitet.

Ursula Thumm züchtet Golden Retriever und besitzt umfassende Kenntnisse in Dummy-, Rettungshunde- und jagdlicher Arbeit durch die Ausbildung der drei eigenen Retriever bis zur Jagdprüfung bzw. zum Rettungshund.

Kerstin Ullrich studiert Grafik-Design an der HfG Schwäbisch Gmünd und hat die Zeichnungen für dieses Buches angefertigt.

Die Deutsche Bibliothek – CIP-Einheitsaufnahme

Abwechslung im Hundtraining / Monika Schaal ; Ursula Thumm. – Stuttgart (Hohenheim) : Ulmer, 1999 (Heimtiere)
ISBN 3-8001-7462-6

Das Werk einschließlich aller seiner Teile ist urheberrechtlich geschützt. Jede Verwertung außerhalb der engen Grenzen des Urheberrechtsgesetzes ist ohne Zustimmung des Verlages unzulässig und strafbar. Das gilt insbesondere für Vervielfältigungen, Übersetzungen, Mikroverfilmungen und die Einspeicherung und Verarbeitung in elektronischen Systemen.

© 1999 Verlag Eugen Ulmer GmbH & Co.
Wollgrasweg 41,
70599 Stuttgart (Hohenheim)
Printed in Germany
Lektorat: Dr. Nadja Kneissler
Herstellung & DTP: Silke Reuter
Druck und Bindung: Georg Appl, Wemding

Register

Ablegen 68, 70
Ablenkung 14, 17, 18, 31, 43, 62, 70, 81, 97, 103
Abrufen 41, 74, 83
Action 7, 54, 58
Aggression 58, 61, 65, 103
Alltag 66, 79, 80, 94
Apportieren 86
Arbeitsatmosphäre 10, 46
Aufmerksamkeit 20, 28, 33
Aufzug 78
Außer-Sicht-Gehen 56, 68, 80, 103
Auto 77

Baumstämme 68, 75
Bedrohung 28, 41
Begegnungen 19, 70, 85
Begrüssung 14, 20
Beute 63, 65, 86, 93
Bindung 46
Bleiben 13, 80, 88, 102
Brücke 72, 74

Dressurviereck 38, 39, 40

Eigenverantwortung 21, 94, 102
Eimer 30, 99
Faul-Ei 60
Formation 36
Fußgehen 28
Futter 44, 85

Gartenzaun 51
Gasse 14, 23, 37, 42, 70, 90
Gehorsamsspiele 57
Gesetzliche Bestimmungen 8, 66

Gitterrost 53, 84

Handzeichen 24, 26, 106
Hausaufgaben 98, 102
Hektik 7, 48, 63
Hilfsperson 51, 57, 62, 64
Hörzeichen 12

Jogger 71
Jokerspiel 99

Kärtchen 97, 99, 101
Kinder 23, 82, 83
Körperhaltung 10, 27, 41, 45
Körperschulung 46
Kreis 14, 32

Lange Leine 18, 45, 91, 104
Leckerchen 12, 42, 105
„line" 15, 89, 98

Menschengruppe 42, 70, 80
Menschensuche 54
Motivieren 7, 54, 65

Öffentliche Verkehrsmittel 81

Paar 8
Paarweises Gehen 34, 35, 37
Parkbank 21, 82
Pferd 67, 71
Pfosten 13, 16, 33, 34, 99
Platz 10
Prüfungsordnung 7, 86

Radfahrer 71, 81
Reifen 49, 105
Reise nach Jerusalem 61

Reizangel 63, 93
Reizquellen 32
Röhre 45, 75
Rollenspiele 94

Schuhwerk 68
Schwierigkeitsgrad steigern 7, 27, 57, 92, 98, 104
Stadt 77, 81
Staffellauf 58
Stangen 46
Stoppübung 75, 105
Stress 77
Suchgelände 92, 93

Team 8
Tempo 34
Treppe 77, 79
Trockenübung 25, 30, 41
Türen 78, 84

Übungsgelände 8, 66, 68, 76
Umhängeleine 36, 68
Ungewohnte Situationen 54, 94
Unsichere Hunde 18, 51, 77, 96

Verletzungsgefahr 8, 66
Versteck 42, 57
Vorbereitung 8, 98

Wald 66, 70
Wasser 75, 91
Wendungen 20, 33, 37
Wettrennen 61

Zurück 72, 74, 78

Alles über Haltung und Erziehung

Wer kennt nicht das mulmige Gefühl, wenn ein ihm unbekannter Hund den Weg kreuzt und das Nackenfell sträubt? Oder wenn der sonst so liebe Golden Retriever plötzlich ein Familienmitglied anknurrt? Häufig weiß keiner so recht, wie er reagieren soll. Dieses Buch macht mit ihrem Ausdrucksverhalten vertraut und gibt Tipps zum richtigen Verhalten. Zeichnungen veranschaulichen die Elemente der Körpersprache. Die zur Verständigung eingesetzten Körperteile sind hervorgehoben.
<u>Die Körpersprache des Hundes.</u> Ausdrucksverhalten erkennen und verstehen. Frauke Ohl. 1999. 111 Seiten, 57 Farbfotos, 22 Zeichnungen. ISBN 3-8001-7445-6.

Dieses Buch zeichnet ein liebevolles, aber objektives Porträt der bärigen Riesen. Zu verschiedenen Themenbereichen gibt es Informationen und Ratschläge, so finden Sie hier z.B. Wissenswertes über die Auswahl des geeigneten Welpen, über Ernährung und Erziehung sowie über die Verantwortlichkeiten eines Hundebesitzers. Dem Themenbereich 'Gesundheit und Vorsorge' ist ein eigenes Kapitel gewidmet. Dieses Buch informiert über Fell- und Zahnpflege, notwendige Impfungen und Erste Hilfe im Notfall. Sie erfahren, für welche Teamarbeiten der Berner Sennenhund sich eignet.
<u>Berner Sennenhunde.</u> Alexandra Haug. 1998. 96 Seiten, 63 Farbfotos, 26 Zeichnungen. ISBN 3-8001-7399-9.

Der Rottweiler kann auf eine lange Geschichte als Treib- und Herdenschutzhund zurückblicken. Sein Image ist das eines wehrhaften Kraftprotzes, doch hinter der rauhen Schale verbirgt sich ein sensibler Kern. So eignet sich die Rasse nicht nur als Schutz- und Sporthund, sondern bei richtigem Umgang und einfühlsamer, konsequenter Erziehung auch als Familienhund. Der Autor beantwortet in diesem Buch viele Ihrer Fragen und gibt zudem wichtige Tipps zu den Themen Anschaffung, Spiel, Sport, Ausbildung sowie Ernährung und Gesundheit.
<u>Rottweiler.</u> Torsten Winter. 1999. Etwa 96 Seiten, 50 Fotos, 20 farbige Zeichnungen. ISBN 3-8001-7467-7.

Ihres vierbeinigen Freundes.

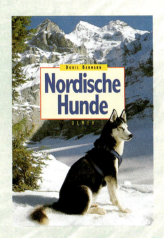  

Hier werden nicht nur die bekannten Schlittenhunderassen wie Husky und Malamute vorgestellt, sondern auch alle anderen Nordischen Hunde – vom norwegischen Elchhund bis zum kabelischen Bärenhund, vom Shiba – Inu bis zum Lappländer Rentierhund. Neben ausführlichen Beschreibungen von 28 Rassen wird auf Haltung, Pflege und Ernährung sowie Krankheiten eingegangen. Detaillierte Angaben zur Zucht versorgen den Leser mit vielen interessanten Informationen.
<u>Nordische Hunde.</u> Nordische Jagdhunde, Japanische Spitze, Nordische Hütehunde. Doris Baumann. 3., völl. überarbeitete Aufl. 1999. 199 S., 71 Farbf., 10 Zeichnungen. ISBN 3-8001-7440-5.

Nach heutiger Meinung soll bei der Erziehung und Ausbildung des Hundes die Freude am Erlernen bestimmter Aufgaben im Vordergrund stehen. In diesem Buch wird eine breite Palette spielerischer und sportlicher Aktivitäten für Hund und Besitzer vorgestellt. Ob Welpengruppe, Junghundgruppe oder Ausbildung zum verkehrssicheren Begleithund, hier finden Sie nützliche Informationen. Wer sich noch intensiver mit seinem Tier beschäftigen will, der kann mit ihm in den sportlichen Disziplinen Agitlity, Mobility und Obedience aktiv werden.
<u>Spiel und Spaß mit meinem Hund.</u> Agility, Mobility, Obedience. Doris Baumann. 1997. 149 S., 104 Farbf., 32 Zeichn. ISBN 3-8001-7377-8.

Springt Ihr Hund hoch, bettelt am Tisch oder jault unerträglich, wenn Sie das Haus verlassen? Viele solche Probleme sind durch „Missverständnisse" zwischen Hund und Besitzer entstanden. Wer die Körpersprache des Hundes kennt und weiß, wie ein Hundehirn lernt, der kann so manche „Fehlverknüpfung" vermeiden, auch bei bestehenden Problemen. In sechs speziellen Trainingsprogrammen können der problematische Hund und sein Besitzer lernen, ihre Beziehung so umzugestalten, dass das Zusammenleben wieder Spaß macht.
<u>Probleme mit dem Hund verstehen und vermeiden.</u> Celina del Amo. Etwa 200 Seiten, 50 Fotos, 50 sw-Zeichnungen. ISBN 3-8001-7468-5.